A Cozinha que Cura

EDITORA GROUND
livros para uma nova consciência

Nota

Esse livro foi escrito como uma ferramenta para uma vida mais saudável. Receitas e informacões sobre remédios caseiros tradicionais estão incluídas como exemplos com os quais você pode aprender. Eles não são diagnóstico nem prescrição.

Cada pessoa tem necessidades diferentes para manter-se saudável. Eu o encorajo a escutar o seu corpo e complementar informações com conselhos de um profissional de saúde qualificado.

"A arte da medicina consiste
em distrair o paciente,
enquanto a natureza
cura a doença."

Voltaire

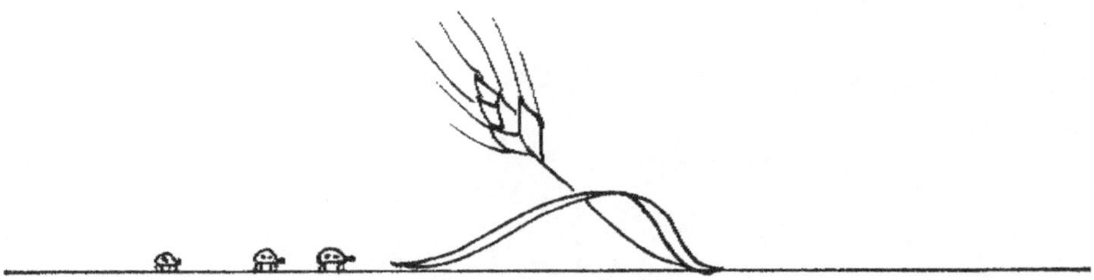

Kristina Turner

A Cozinha que Cura

A nova cozinha macrobiótica para corpo, mente e espírito saudáveis

Tradução e adaptação
Walmária Fernandes Caldas
Zack Pitt-Smith

EDITORA GROUND

Título original: *The Self-Healing Cookbook (a macrobiotic primer for healing body, mind and moods with whole, natural foods)* bu Earthtones Press, Vashon, WA, USA.

Copidesque e revisão: Veridiana Maenaka
Ilustrações de miolo: Kristina Turner
Capa: ilustração – Kristina Turner
projeto gráfico – Niky Venâncio
Editorqação eletrônica: Antonieta Canelas

Dados Internacionais de Catalogação na Publicação (CIP)
(Câmara Brasileira do Livro, SP, Brasil)

Turner, Kristina
A cozinha que cura : princípios básicos da macrobiótica para corpo, mente e espírito saudáveis com alimentos naturais e integrais / Kristina Turner ; tradução e adaptação : Walmária F. Caldas, Zack Pitt-Smith. – São Paulo ; Editora Ground, 2002.

Título original : The Self Healing Cookbook
ISBN 85-7187-167-1

1. Dieta macrobiótica 2. Dieta macrobiótica - Receitas I. Caldas, Walmária Fernandes. II. Pitt-Smith, Zack.

02-0663 CDD - 613.26

Índices paracatálogo sistemático:
1. Dieta macrobiótica : Dietética 613.26

Editora Ground Ltda.
Rua Lacedemônia, 68 - Jardim Brasil
04634-020 São Paulo - SP
Tel.: (11) 5031.1500 - Fax: 5031-3462
vendas@ground.com.br
www.ground.com.br

Sumário

Trilhando os Caminhos do Brasil

Trabalhando num restaurante macrobiótico em Oakland, na Califórnia, vi este livro e me interessei por ele. Gostei principalmente da maneira simples e objetiva com que a autora, Kristina Turner se comunica. Então comecei a lembrar de todos os meus amigos e familiares que se beneficiariam ao lerem o que eu estava lendo. Queria compartilhar a minha alegria com eles e deliciar as sobremesas e delícias desse livro juntos. Também lembrei de quando estava começando a me interessar por alimentação natural e o quanto um livro como este poderia ter me ajudado... Então uma idéia mágica apareceu! Que tal levar este livro para o Brasil e publicá-lo lá? Já havia escutado antes que tudo começa com um sonho. Resolvi que valia a pena sonhar... Daí para a frente tudo se transformou num trabalho consistente e divertido.

Muitos amigos apoiando a idéia fez com que ela crescesse. Zack Pitt-Smith aceitou fazer parceria comigo neste projeto. Com uma resposta positiva e entusiasmada da Kristina e muito trabalho de adaptação, partimos juntos para o Brasil e em Belo Horizonte encontramos amigos interessados, aos quais agradecemos pela coragem e incentivo. Mazarelo Teixeira não só leu a tradução dos primeiros capítulos e nos encorajou a persistir na busca de uma editora, como também nos ajudou respondendo aos nossos telefonemas sempre com muita paciência e amor. A Sonia Hirsh foi de uma ajuda enorme em momentos diversos com receitas, respondendo a perguntas e indicando caminhos. A ajuda de Ana Sálvia e Maria Augusta Caldas com conhecimentos de horticultura foi fundamental para adaptar os capítulos sobre vegetais da estação. Enquanto procurávamos por uma editora o trabalho de experimentar receitas com ingredientes brasileiros continuava e agradeço aos meus alunos nas aulas de culinária pela alegria e curiosidade de pessoas que se interessam por uma vida mais saudável e buscam mudanças com alegria.

Mas mais do que tudo agradecemos aos amigos do Restaurante Fonte de Minas por nos iniciarem nesta nova maneira de ver o mundo que é a macrobiótica, nos dando os instrumentos e o conhecimento necessário para encarar este e muitos desafios na nossa vida. E agradecemos ainda à editora Ground por levar estas idéias e receitas para outras pessoas que buscam por respostas alternativas para uma vida mais saudável.

Esperamos que este trabalho ao cruzar sua vida, o encoraje a dar mais um passo em direção à conquista de uma vida mais cheia de sabores, alegria e saúde.

Walmária F. Caldas

Começando...

Tenho visto isso acontecer muitas vezes em minhas aulas de culinária. *Insights* brotando para todo lado depois de uma saborosa refeição.

Plantamos algumas idéias novas em cada aula, antes de começarmos a cozinhar. Então, colocando as dúvidas de lado, abrimos nossos sentidos e nos juntamos para explorar um novo território.

O que é uma dieta macrobiótica? Por que ela é tão eficaz para a autocura? Qual é a maneira mais prática de começá-la?

As respostas para essas perguntas aparecem quando provamos a comida. Uma visão nova da vida – baseada em comer e viver em harmonia com a natureza – começa a tomar forma.

Primeiro, os desafios parecem incríveis. Entrar em contato com novos e diferentes tipos de alimentos e nos familiarizarmos com eles. E, ainda, a resistência dos nossos familiares a tanta mudança. As tentações em festas. A falta de tempo para cozinhar.

Então, um amigo aparece e nos apóia com um gesto inesperado no momento certo e alguma coisa acontece. As raízes crescem profundas... instintivamente uma sensação familiar emerge e a Mãe Terra começa a nos alimentar de uma maneira totalmente diferente. O leite quente dos alimentos bem mastigados entra no nosso corpo e circula com um canto rítmico...

"Acredito no poder regenerativo do meu corpo... posso cooperar com a grande força da natureza para curar-me."

A autocura começa.

Como Ler Este Livro

Se você realmente quer aprender a cuidar da sua saúde através da alimentação, leia este livro com um amigo.

Faça isso da maneira que funcionar melhor para você. Tome-o emprestado, ou leiam-no em voz alta juntos. Cozinhem juntos. Alternem dias e cozinhem um para o outro. Desafiem-se mutuamente com idéias diferentes. Sintam-se ridículos na cozinha, juntos.

Sem nenhuma pressa... provem a comida juntos.

E fale sobre como você se sente depois de comer.

Então você entenderá do que a macrobiótica fala.

Macrobiótica: Um Instrumento Interessante Para a Autocura

Recentemente uma crescente bola de neve de pesquisas científicas e evidências curiosas tem trazido à atenção do público os benefícios da dieta macrobiótica.

Um grande número de sintomas pode ser positivamente tratado com a aplicação cuidadosa dos princípios macrobióticos, incluindo:

Alergias
Infecções (cândida)
Diabetes
Desordens digestivas
Problemas de coração
Tensão pré-menstrual
Anemia
Hiperatividade em crianças
Muitos tipos de câncer

As ferramentas básicas da macrobiótica – dieta sadia e natural, auto-reflexão, habilidade para autodiagnose e conhecimento de remédios caseiros – são simples, versáteis e imensamente práticas. Elas evoluíram das antigas tradições da medicina oriental de 4000 anos atrás.

Essas ferramentas têm se espalhado por vários países do mundo nos últimos anos. Hoje em dia, milhares de pessoas usam-nas diariamente, e se você lhes pergunta o porquê, elas respondem: "Porque elas fazem sentido... Elas funcionam... Essa maneira de autocura me faz sentir mais vivo, no controle da minha vida e em harmonia com a natureza."

Em Boston, sede do Instituto Kushi para Estudos Macrobióticos, tantas pessoas têm mudado o tipo de alimentação que as redes de restaurantes McDonald's e Howard Johnsons estão oferecendo agora café-da-manhã macrobiótico em seus cardápios.

Pesquisa de Apoio

Escola de Harvard de Medicina
Hospital Shattuck de Boston
Centro de Detenção de Tidewater, Chesapeake, Virgínia
Universidade Tulane
Hospital Universitário de Boston
Escola de Saúde Pública de Harvard
Escola de Saúde Pública da Universidade de Minnesota
Universidade de Boston
Hospital Batista de New England

Essa é uma lista *expressiva.* A Escola de Medicina de Harvard liderou as pesquisas, em dez anos de estudos, mostrando que a dieta macrobiótica pode ser uma das melhores maneiras conhecidas de prevenir ataques cardíacos... abaixando o nível de colesterol e a pressão arterial.

O Hospital Shattuck está preparando pesquisas sobre a eficácia do uso da dieta macrobiótica em tratamentos geriátricos e psiquiátricos.

O Centro de Detenção de Tidewater está implementando uma nova dieta para *delinqüentes juvenis.* Apenas retirando o açúcar da dieta desses jovens, suas infrações diminuiram em 45%. Isso é impressionante!

Tulane está estudando os resultados de uma dieta macrobiótica em pacientes com câncer na região de New Orleans.

As outras cinco instituições estão trabalhando em um projeto conjunto para avaliar o progresso de 700 pacientes que se consultaram com Michio Kushi nos últimos anos (para referência, veja: *Diet for a Strong Heart*, Kushi).

O que quase não se fala é que a dieta macrobiótica também acalma a mente e as emoções enquanto renova o corpo.

Quando você começa a dieta macrobiótica, alguma coisa sutil e poderosa acontece dentro de você. Você se sente mais completo.

Essa é a notícia que se espalha rapidamente de boca em boca. Eu estou muito feliz que mais e mais pessoas estejam batendo à minha porta procurando conhecer melhor esse tipo de alimentação com o objetivo de aumentar seu potencial criativo. "Quero aprender a me alimentar para tornar minha energia mais eficaz, mais objetiva", disse um diretor de cinema independente.

Pessoas calmas, saudáveis e criativas são muito mais propensas a resolverem conflitos sem o uso de violência; elas também têm uma capacidade maior de usar sua energia para a promoção de um estilo de vida mais saudável e mais ecológico.

Muitos líderes mundiais acreditam que a mensagem da macrobiótica é importante demais para ser ignorada.

Nas Nações Unidas, uma associação macrobiótica foi iniciada por Katsuhide Katatani, Diretor de Desenvolvimento para o Sudeste da Ásia. Ele se curou de um câncer de estômago com a dieta macrobiótica. Agora, esse grupo se encontra regularmente para discutir problemas de saúde, dietas e paz mundial. Uma associação semelhante está se formando na Unesco.

Um líder de um grupo pacifista local, chamado "Além da Guerra", veio à minha aula e disse: "Isso é incrível, estamos todos aprendendo a fazer o mesmo tipo de trabalho, mas com nomes diferentes... O trabalho de crescer com mais responsabilidade sobre a nossa forma de viver... Eu sinto que esse tipo de alimentação é exatamente de que preciso."

A Macrobiótica em Perspectiva

Macrobiótica não é uma cura para todos os males.

Nada é.

Qualquer pessoa que lhe prometer que o método dela vai acabar com todos os seus problemas de saúde é louca. Se você acreditar nela, você é mais louco ainda.

Sintomas vêm e vão.

No entanto, a cura real se dá quando temos a audácia de encarar o universo sem medo, alongando nosso corpo e expandindo nossa alma na intenção de alcançarmos equilíbrio e verdade. Algumas vezes o processo de cura demora para se iniciar. Outras vezes ele cai sobre nossas cabeças como mágica. Como uma pena de um pássaro invisível.

Escrever esse livro tem sido a minha autocura nos últimos 4 anos. Estou feliz de finalmente poder compartilhar as histórias da minha jornada.

Minha História

Um dia, quando ainda era criança, ouvi meus pais conversando. Falavam baixo, com voz tensa e triste. Percebi que eles falavam sobre um dos seus amigos... "em perfeito estado de saúde"... "caiu morto de ataque de coração".

Eu queria ficar sozinha.

No quintal, deitada na grama de barriga para baixo, observava as formigas.

Virei de costas e olhei para o imenso céu azul sobre mim.

"Por que, Deus?", perguntei. Isso é muito injusto. Estar tão cheio de vida... e de repente morrer, sem nenhum aviso.

Meu próprio coração parecia parar.

Lembrando disso ainda posso sentir o cheiro verde da grama esmagada sob meu corpo. A umidade do orvalho nos meus cotovelos, o canto dos pássaros... Minha dúvida parecia abrir amplamente todos os meus sentidos, à procura de uma resposta.

Anos depois...

Com minhas dúvidas ainda sem resposta, comecei a estudar uma sucessão de artes tradicionais de cura.

Cerimônias dos Índios Americanos, Ervas Orientais, Medicina das Mulheres, Macrobiótica e Shiatsu. Vivi por um ano na comunidade Findhorn, no norte da Escócia, onde aprendi a magia de cozinhar com o espírito.

Em cada campo que explorei, senti que alguma quietude entrou no meu coração.

E depois do silêncio, um sentimento crescente de que a Terra estava falando comigo através dos meus sentidos.

Aprendi que se a gente escuta bem de pertinho, com todos os nossos sentidos, nosso corpo *realmente* nos alerta quando uma doença está chegando. E podemos tomar atitudes de prevenção dentro da nossa própria cozinha.

Com alívio aquele espaço no meu coração que tinha ficado imóvel desde a infância começou a respirar novamente, alegrou-se e renasceu.

Finalmente, esse sentimento começou a me manter acordada noites a fio, exigindo de mim, de uma forma cada vez mais forte, que eu escrevesse sobre o que eu tinha aprendido. Assim, você também poderia se beneficiar do meu aprendizado.

E isso, meu querido leitor, resultou nesse livro de receitas.

Kristina Turner
Dezembro, 1987
Grass Valley, California, EUA

Meus Agradecimentos Sinceros

Agradeço primeiro ao Rich, por me ajudar a colocar este livro na Terra. Sua perspicácia e sabedoria sempre iluminaram o caminho.

"Começamos a caminhar e caímos". Rich me falou. "A alegria da vida começa quando nossa dança é feita de erros e acertos."

Que poderia ser mais ridículo – e mais cheio de erros e acertos – do que tentar mudar nossos arraigados hábitos alimentares em poucas semanas? No entanto, nós fizemos isso.

Em 1979, quando meu marido Rich Turner começou a ter estranhos problemas de saúde, difíceis de serem diagnosticados e conseqüentemente curados, nós nos voltamos para a macrobiótica. Serei sempre agradecida à renovação das nossas forças, da nossa vitalidade, e à alegria que essa alimentação nos trouxe.

Mas em março de 1989 Rich morreu em paz, com uma forma rara de câncer. Nossos amigos mais próximos se juntaram a nós nas últimas horas para dizer-lhe adeus. Todos concordaram que ele morreu de uma forma "saudável" – mais como um nascimento do que como uma morte.

Agradeço a todos os meus familiares e amigos, e especialmente a Shira, Mim, Sharon, Kate, Emile e Betty pelo carinho, conselhos e músicas que têm me ajudado a abrir o coração nos momentos de mudanças profundas.

E agradeço especialmente ao Matthew, por ter tido a coragem de me amar nesse momento difícil e ter sido capaz de enfrentar comigo esse desafio com paixão, quando nos tornamos parceiros, pais e, enfim, publicamos esse livro – procurando, para além das ilusões, pela verdade que cura.

Finalmente, agradeço a vocês, leitores, por lerem pacientemente as entrelinhas e descobrirem a sua própria verdade.

Esses são bons tempos para estar vivo.

Curando a nós mesmos e curando nossa Terra.

Estou feliz por estarmos aqui, juntos.

Kristina Turner
Novembro, 1994
Vashon, Washington, EUA

1 Começando com o Básico

Todo mundo tem pequenos sintomas. Dores... e dores... Tensões, enjôos, dores de cabeça, alergias, mudanças de humor, resfriados e gripes. Algumas pessoas estão sempre às voltas com uma dessas pequenas doenças, outros, com mais sorte, apenas têm alguns pequenos incômodos ocasionalmente.

Um estilo de vida de autocura começa com o reconhecimento de que pequenos sintomas não acontecem apenas conosco.

Nós somos parte ativa na criação desses sintomas com as escolhas que fazemos cotidianamente em nossas vidas. Como nos exercitamos, como enfrentamos o estresse, como comemos. Todas essas coisas contribuem para a habilidade natural do nosso corpo de se manter saudável e em equilíbrio. Especialmente como comemos.

Mas a verdade é que a maioria de nós não quer mudar a dieta alimentar simplesmente por causa desses pequenos sintomas... a menos que eles comecem a acontecer com muita frequência. Ou até que eles se transformem em grandes sintomas.

O choque com o diagnóstico de colesterol alto. Exagerado ganho de peso. Fadiga ou alergias. Fortes dores que acontecem de repente, ou perdas constrangedoras de agilidade, memória ou consciência.

Esses são motivadores terríveis. Nós nos assustamos com que pode vir a seguir... Sabemos muito bem que as doenças que nos pegam quando estamos muito estressados, vivendo nessa sociedade extremamente poluída, são sempre dolorosas e debilitantes.

Se os sintomas que você tem são pequenos ou se são mais probemáticos e duradouros, você provavelmente estará sendo incitado a abrir esse livro para tentar responder a essa pergunta persistente: "Existe alguma coisa que posso fazer?"

Sim. Você pode fazer muito. E esse capítulo lhe dará as ferramentas necessárias para começar... Três princípios básicos da macrobiótica iluminam o motivo pelo qual as doenças acontecem. Eles também apontam para os tipos de alimentos com poder renovador, os quais devem ter preferência sobre os outros alimentos, uma vez que eles começarão a levar o seu corpo a um novo estágio de equilíbrio.

Princípios Básicos de Autocura

Nº 1 Coma em Harmonia com a Natureza

Alimentos...

- ✓ Tradicionais, integrais, não refinados
- ✓ Principalmente do local
- ✓ Cozidos de maneira apropriada para cada estação

Nº 2 Equilibre as Forças da Natureza ao Cozinhar

Procurando uma maneira saudável de misturar:

- ✓ Quente e frio
- ✓ Seco e molhado
- ✓ Pesado e leve
- ✓ Duro e macio
- ✓ Salgado e doce
- ✓ Rápido e devagar
- ✓ Comum e inspirado!

Nº 3 Use Alimentos para Criar Efeitos Desejados...

- ✓ No seu corpo
- ✓ No seu humor
- ✓ Na sua vida

Princípio Nº 1: Comer em Harmonia com a Natureza

Algumas vezes penso que nossos ancestrais chorariam por dentro se eles pudessem ver como nós comemos.

Nos últimos duzentos anos, desde o advento da agricultura moderna e das técnicas de processamento de alimentos, nossa dieta tem se afastado mais e mais da maneira natural com que nossos ancestrais se alimentavam. Essa dieta natural sustentou populações em diversas partes do mundo por séculos... principalmente cereais integrais, feijões, vegetais e frutas crescidos localmente, pequenas quantidades de peixes e algas, animais selvagens ou domésticos e condimentos naturais.

Ao contrário, hoje em dia comemos alimentos de caixas e latas coloridas. Pulverizamos nossos vegetais e frutas com químicas venenosas e então os mandamos para outras partes do mundo (ou os compramos de outras partes do mundo). Mantemos as galinhas acordadas com luz elétrica e as alimentamos com hormônios que as fazem botar ovos sem parar.

Essas coisas têm sido grandes experimentos tecnológicos... mas temos pagado caro, com a nossa saúde.

TENDÊNCIAS DA DIETA MODERNA NÃO NATURAL INCLUI:

1. *Alto consumo de alimento animais*
   (carne, aves, ovos e laticínios)
2. *Junk-Food*, ("bobagens"),
   (com muito açúcar, químicas, gorduras e muita propaganda)
3. *Mais alimentos industrializados*
   (congelados, liquidificados hidrogenados, feitos no microondas, etc.)

Em sociedades que se alimentavam de forma tradicional, com uma dieta natural, muitas doenças degenerativas modernas quase não existiam, incluindo:

- Ataque do coração
- Câncer
- Osteoporose
- Diabetes
- Pressão alta

Muitas pesquisas científicas têm documentado a clara conexão entre nossa dieta moderna, desvitalizada, e o crescimento dessas doenças em todos os países do Oeste (veja os livros de Ballentine, McDougall, Kushi e Pritkin para mais informações sobre essas pesquisas).

O Retorno à Natureza Pode Curar

A natureza fez nossos corpos para serem organismos auto-reguladores e auto-renovadores, capazes de responderem com sabedoria e sensibilidade a qualquer mudança do mundo à nossa volta.

Ultimamente, experiências científicas têm mostrado que se retornarmos simplesmente à forma de alimentação mais tradicional e natural, o corpo cura-se por si só.

Por exemplo:

Para Diabetes: McDougall relata que, na Universidade de Kentucky, pesquisadores descobriram que aproximadamente 75% dos pacientes (numa pesquisa de casos de diabetes em adultos) foram liberados da necessidade de insulina depois de apenas duas semanas de uma dieta alta em carboidratos, baixa em gorduras e com muita fibra (*The McDougall Plan*, John McDougall, M.D.).

Para Doenças Cardíacas: Kushi relata que pesquisadores da Escola de Medicina de Harvard têm boas notícias para prevenir doenças do coração. *Grupos de controle* de pessoas com uma dieta macrobiótica ou de comida natural tinham pressão arterial e colesterol baixos. Com uma dieta mensal com 250 g de carne de boi, esses níveis cresceram dramaticamente. Dentro de duas semanas após pararem de comer carne de boi, os níveis de colesterol e pressão arterial voltaram a ser baixíssimos. (*Diet for a Strong Heart*, Michio Kushi).

COMO PREVENIR DOENÇAS GRAVES

Ou como ajudar o seu corpo a curar sintomas persistentes.

Estas são as duas coisas mais inteligentes que você pode fazer:

1) Alimentar-se de maneira mais tradicional e natural
2) Eliminar comidas modernas e altamente estressantes

Refeições Tradicionais

Originalmente, em inglês antigo, a palavra "meal"(refeição) significava grão.

A alimentação baseada em cereais integrais e vegetais era, de fato, o que sustentava povos do mundo inteiro, muitos anos antes da "carne com batata" se tornar o forte do jantar do Ocidente.

Claro que os esquimós, os pioneiros americanos e outros povos migratórios precisavam de carne quando a agricultura era impossível. No entanto, quando os primeiros grupos de pessoas se estabeleceram e construíram civilizações, eles descobriram como os grãos podem ser versáteis:

Quebrados e cozidos como cereais
Moídos como farinha para fazer pães, biscoitos, bolos
Secos como massa para macarrões, lasanhas, soba
Cozidos na forma integral e servidos em cozidos, refogados, ou feijões
Restos, misturados em saladas com vegetais e algas crocantes
Enrolados como recheio para sushi, rolos, tortas, panquecas

Análises modernas sobre nutrição confirmam que nossos ancestrais usavam ingredientes em suas refeições os quais, colocados juntos, formavam uma alimentação balanceada, uma dieta para a promoção da saúde:

Nutrição Tradicional

Alimentos básicos	% da dieta	Fonte de:
Cereais e vegetais	75% a 80%	Carboidratos, fibras, proteína, gordura, vitaminas A, B, C, E, ferro e cálcio.
Sopas	5%	Aquece, ajudando uma boa digestão.
Feijões, peixes, sementes, nozes, carne, ovos e laticínios	5 a 10%	Proteína e gordura, cálcio, ferro e vitaminas B.
Variedades:	5 a 10%	
Algas		Cálcio, ferro, vitaminas, minerais
Frutas da estação		carboidratos, fibras, vitaminas e minerais
Alimentos fermentados (missô, shoyu)		Enzimas vivas que ajudam a digestão
Ervas e temperos		Estimulam o apetite, alguns nutrientes

Comendo de Acordo com a Estrutura do Nosso Corpo

Além da sabedoria tradicional de como se alimentar de forma natural, com cereais integrais e vegetais como princípio, existe mais.

A intenção que a natureza tinha para a nossa alimentação revela-se numa visão comum, basta olhar a estrutura do nosso corpo:

Nossos dentes	são construídos para morder principalmente alimentos fibrosos como cereais integrais, sementes, verduras e raízes. Vinte dos nossos 32 dentes foram feitos para mastigar (molares).
Órgãos internos	funcionam muito bem numa dieta a base de cereais, feijões e vegetais. Carboidratos complexos regulam o açúcar do sangue e nos dão uma energia mais estável. Entretanto, numa dieta rica em gorduras,proteína,açúcar e sal, órgãos como rins, fígado, vesícula biliar e coração tendem a se tornar fracos e congestionados, diminuindo nossa vitalidade e nos levando à doença.
Intestinos	se auto-regulam e se limpam numa dieta rica em fibras. No entanto, a típica dieta moderna pobre em fibras tornam os nossos intestinos preguiçosos, produzindo gases e ficando mais suscetíveis ao câncer de cólon.
Bactérias necessárias ao nosso corpo	florescem em nosso intestino numa dieta baseada em cereais. Porém, morrem e são substituídas por microorganismos indesejados quando comemos muita gordura, açúcar, carne ou químicas. Alimentos fermentados ajudam a renovar a flora intestinal.
Sangue saudável	corre livremente pelas veias e artérias numa dieta baixa em gordura e com pouco açúcar. Alimentos ricos em gordura, pelo contário, fazem com que o sangue se torne mais grosso e mais lento. Açúcar enfraquece e afina o sangue.

Cereais integrais surgiram no nosso planeta
ao mesmo tempo em que a humanidade...

ALIMENTOS MODERNOS ALTAMENTE ESTRESSANTES

GRANDE QUANTIDADE DESSES ALIMENTOS	PODEM TER ESSES EFEITOS ESTRESSANTES	DIMINUA PARA PREVENIR
GORDURAS Laticínios Carnes gordurosas Frituras Nozes, etc. 	– Endurecem as artérias – Formam excesso de muco – Embotam a mente – Congestionam e impedem a função do coração, fígado, vesícula biliar, pulmões, intestinos e órgãos sexuais	Alta pressão arterial Alergias a alimentos Doenças cardíacas Diabetes Desordens alimentares Câncer de cólon e outros
DOCES Açúcar Melado Caro Adoçantes artificiais Chocolates 	– Causam desequilíbrio do açúcar no sangue e hiperatividade – Sobrecarregam o baço, o pâncreas, o fígado e os intestinos – Causam mudanças de humor, irritabilidade e fadiga – Diminuem a resistência a infecções	Hipoglicemia Diabetes Histeria emocional Desordens alimentares Câncer nos órgãos reprodutores e outros
PRODUTOS ANIMAIS E PROTEÍNAS Carne vermelha Porco Ovos, etc. 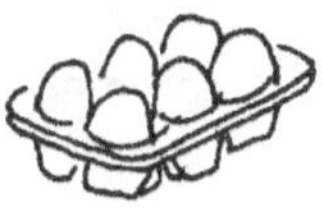	– Intoxicam o sangue, tornam-no ácido – Reduzem o suprimento de cálcio – Sobrecarregam os rins, e o fígado – Ficam parados nos intestinos, matando a flora intestinal	Pedra nos rins Doenças do fígado Câncer do cólon e dos órgãos reprodutores Artrite Osteoporose

Cereais Comuns ao Redor do Mundo

Regiões	Cereais Tradicionais
Europa do Norte	Aveia, trigo, centeio e cevadinha
Rússia	Trigo sarraceno
Oriente Médio	Trigo, cevadinha
África	Painço
América Central	Milho, quinoa e *amaranth*
América do Sul	Milho
Índia	Arroz e trigo
China	Arroz, painço e trigo
Japão	Arroz

Emagrecimento Natural

Umas das perguntas mais comuns na minha aula de culinária é: "Como posso perder peso numa dieta com muitos cereais... Eles não nos fazem engordar?"

Para responder a essa pergunta, primeiro devemos corrigir um erro comum. Cereais integrais não fazem engordar. Povos dos quatro cantos do mundo confiam em cereais integrais como fonte primária de alimentação. E, mesmo assim, a maioria da população do mundo não é gorda.

A maioria dos norte-americanos é obesa e tem uma dieta muito pobre em cereais integrais, sendo composta de mais de 40% de gorduras e aproximadamente 20% de açúcares. Cereais não são o problema.

O que engana a maioria dos vigilantes do peso é que cereais são moderadamente ricos em caloria. Mas, diferentemente de outros alimentos com níveis altos de calorias, gorduras e açúcares, os cereais integrais são muito nutritivos. Cheios de vitaminas, minerais, carboidratos, proteínas e fibras, eles são um alimento completo.

Como resultado, quando comemos mais cereais diariamente, nos sentimos satisfeitos mais rapidamente e por muito mais tempo. Dietas convencionais de emagrecimento – com saladas ou refrigerantes sem caloria –, pelo contrário, nos deixam sempre com fome e querendo mais.

FONTES DE NUTRIENTES NOS ALIMENTOS INTEGRAIS

Carboidratos Complexos:	Cereais integrais, feijões, vegetais, frutas
Proteína:	Feijões, peixes, sementes, nozes, cereais integrais, algas
Gordura:	Sementes, nozes, óleos, feijões, peixe, tofu, tempê, aveia
Cálcio:	Verduras (couve, mostarda, brócolis), soja, algas, sementes
Ferro:	Verduras, algas, painço, lentilhas, grão-de-bico, sementes
Vitamina A:	Verduras, cenouras, abóboras, algas
Vitamina B:	Cereais integrais, algas, lentilhas, peixes, alimentos fermentados
Vitamina B_{12}: ovos	Pequenas quantidades de peixe, aves *(caipira)*, carne, ou laticínios
Vitamina C:	Verduras (couve, salsinha, brócolis, etc.), frutas locais
Vitamina E:	Cereais integrais, óleos não-refinados, sementes, verduras
Minerais:	Sal marinho, algas, produtos orgânicos

O fato é que, começando a seguir os TRÊS PRINCÍPIOS BÁSICOS deste capítulo, a maioria das pessoas pode comer bastante e ainda assim perder peso. "Estou muito feliz porque posso me olhar no espelho agora e ver que não preciso me preocupar com peso... Estou saboreando os alimentos e perdendo peso constantemente, e entendo o *porquê*!", disse uma nova estudante.

Para informações mais específicas sobre Como Perder Peso Naturalmente, veja páginas 188-189.

Conclusão

Através da história, a humanidade desenvolveu-se consumindo produtos naturais e integrais. Muitas doenças degenerativas têm surgido como resultado das mudanças que temos feito na nossa alimentação, direcionando-a para os alimentos processados, cheios de GORDURA, SAL, AÇÚCAR E QUÍMICAS.

Esses TRÊS PRINCÍPIOS BÁSICOS podem guiá-lo em direção a uma dieta de alimentos integrais que restaurará a capacidade natural do seu corpo de se autocurar (o Princípio 1 pode ser encontrado aqui em detalhes. Para o número 2 e número 3, consulte o próximo capítulo):

1. Coma em harmonia com a natureza
2. Equilibre as forças da natureza ao cozinhar
3. Use o alimento para criar efeitos desejados

Agora, para facilitar a sua vida, esse capítulo é concluído com Um Guia para uma Dieta de Autocura, Receitas Básicas, Lista de Compras para Começar e um exercício de visualização relaxante para ajudá-lo a entender as necessidades especiais do seu corpo.

Guia para uma Dieta de Autocura

O caminho começa aqui...

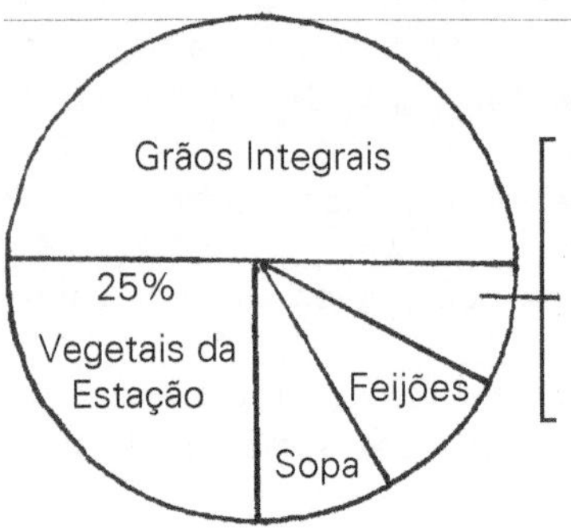

VARIEDADES EXTRAS	ALIMENTOS PARA DIMINUIR
Algas	Açúcar e Mel
Peixes e Frutos do Mar	Alimentos artificiais
Frutas locais	Gorduras (carne, laticínios, óleos)
Nozes e Sementes	Farinha de Trigo branca
Laticínios e Aves *Caipiras*	Sal refinado
Opcionais	Pesticidas
Alimentos fermentados	Alimentos e Bebidas geladas
Sobremesas leves	Álcool, Cafeína
	Drogas

1. APRENDA COM COMUNIDADES TRADICIONAIS. Elas se alimentavam com refeições substanciosas, ricas em carboidratos complexos. Para começar uma dieta saudável, tente as proporções do diagrama acima. Isso vai lhe dar um equilíbrio saudável de carboidratos e proteínas, com o mínimo de gordura. (Para cálcio e vitamina C, inclua verduras de folha.)

2. EXPERIMENTE POR 1 A 3 MESES. Cozinhe refeições integrais bem variadas. Saboreie sobremesas que não causem peso na consciência (veja página 159). Relaxe e mastigue. Perceba como você se sente após cada refeição. Então, dê um tempo. Se você der uma escapulida e voltar à sua antiga maneira de se alimentar, não faça disso um problema. (Todos nós fazemos isso, em ciclos!) Seu corpo e seu senso de humor vão lhe mostrar quando você precisa voltar ao simples prazer da comida natural e integral.

3. SEJA FLEXÍVEL COM AS MUDANÇAS DAS ESTAÇÕES. Quando o tempo se tornar quente, cozinhe menos cereais e coma mais macarrões, vegetais e frutas. Quando o frio vier, coma mais cereais cozidos na pressão, raízes e sopas suculentas de feijão (veja páginas 54 e 63 para dicas de como cozinhar de acordo com as estações).

4. ESTUDE E FAÇA PERGUNTAS. Aprenda a cozinhar para as necessidades do momento. Se estiver grávida ou amamentando, por exemplo, você precisa de alimentos ricos em cálcio e vitamina B_{12} (veja páginas 130, 203). Se vive na cidade, você talvez precise de algum alimento animal para aliviar o estresse. Mas uma mudança para o campo poderá fazer com que você precise menos de produtos animais e talvez o torne mais sensível à natureza comendo mais vegetais da horta.

Você irá saber, meu amigo, quando esse tempo chegar. Vá além desse livro. Experimente! Confie nos seus instintos.

Receitas Básicas para Começar

Cereais básicos
Arroz em caçarola de ferro
Arroz cozido na pressão
Arroz com misturas divertidas
Painço
Trigo sarraceno
Cereais quentes
Risotos rápidos
Angu

Gersal

Misoshiru

Feijões suculentos
Azuki
Lentilhas
Feijão preto com gengibre
Grão-de-bico

Para a sua primeira refeição, seja simples. No café-da-manhã, tente um cereal quente, ou uma sopa de com torrada de pão integral.

Tire uma folga e vá almoçar fora...

Então, para um jantar suculento, sirva arroz integral, painço, ou risoto com um pouco de gersal em cima, feijão e verdura escaldada ou salada.

Cozinhe o bastante para sobrar para a próxima refeição (tente a receita de panqueca de arroz c/ gergelim na página 120). Nos últimos capítulos esses petiscos básicos irão aparecer como "sobras" – uma deliciosa seleção que vai desde salada de arroz e patê de feijão até sopas cremosas, hambúrgueres, biscoitos e pudins!

Para a sua conveniência, este capítulo será concluído com uma Lista de Compras para Começar e uma Visualização Relaxante.

Cereais Básicos

Arroz Integral em Caçarola de Ferro

1 xícara de arroz integral (curto ou longo)
2 xícaras de água fervente
1 pitada de sal marinho

Para maiores quantidades, coloque menos água: (3 xícaras arroz / 5 ½ xícaras de água)

Lave o arroz em água fria. Escorra. Coloque-o numa caçarola de ferro com uma tampa bem justa. Acrescente a água e o sal, leve ao fogo; quando ferver, tampe a panela, abaixe o fogo* – não destampe nem mexa – deixe cozinhar por 50-60 minutos. Relaxe... o jantar está se cozinhando sozinho.

Arroz Integral na Pressão

2 xícaras de arroz integral (cateto)
3 – 3 ½ xícaras de água
1 c. chá de sal marinho

Misturas divertidas

Para variar, coloque de molho ¼ xícara de um desses ingredientes em ½ xícara de água por 3-4 horas e então misture o arroz:

Centeio ou trigo em grão
Cevadinha
Arroz selvagem (preto)
Arroz moti
Castanhas secas

"Irresistível, saboroso", meus estudantes dizem em coro na aula de culinária. Um arroz na panela de pressão derrete na boca**, fica super-cheiroso e é fácil de digerir. Gostoso e com muitas vitaminas.

INSTRUÇÕES: Lave o arroz e escorra-o. Coloque-o na panela de pressão com a com água e o sal, tampe-o e coloque-o no fogo médio por 20 minutos. Então, aumente o fogo por alguns instantes até a panela pegar pressão. Abaixe o fogo* e deixe-o cozinhar por 40 minutos.

* = Abaixe o fogo virando o botão de controle da chama para o lado de desligar, até abaixar o máximo, mas sem desligar.

** = Dicas de consistência: Se ficar muito grudento, diminua um pouco a água; se ficar muito seco, ou queimado no fundo, aumente um pouco a quantidade de água na próxima vez. Cozinhe bastante – você pode requentá-lofacilmente no vapor.

Painço

Na caçarola

1 xícara de painço
3 xícaras de água
1 pitada de sal marinho

Na panela de pressão

2 xícaras de painço
4 xícaras de água

Para variar, use:

1 xícara de abóbora kabocha picada em cubos
1 cebola pequena
1 xícara de água

Ou 1 xícara de repolho
couve flor ou cenoura
½ xícara de água.

Painço, de cor prazerosa e sabor delicado, é um delicioso cereal para o café-da-manhã. Ou cozido com vegetais e servido com feijão bem suculento no almoço ou jantar.

Lave o painço e deixe-o secar num escorredor. Para ficar mais soltinho e com um sabor mais encorpado, toste-o numa frigideira grossa, em fogo médio, mexendo sempre até sentir o cheiro de tostado. Enquanto isso leve a água ao fogo e quando ferver adicione o painço e o sal marinho. Tampe cozinhando em fogo baixo por 25 minutos.

Para cozinhar na pressão, coloque o painço tostado e a água na panela de pressão, tampe e leve ao fogo quente até chiar. Então abaixe o Ou fogo e deixe cozinhando por 25 minutos. É especialmente gostoso no inverno com abóbora hokaido e cebola.

Trigo Sarraceno

1 xícara de trigo sarraceno
2 xícaras de água
1 pitada de sal marinho

Variações:

Adicione ½ xícara extra de água mais 1 xícara de repolho picado, couve-flor ou cebola

O grão mais substancioso... Melhor ser consumido no inverno, ou se você está com a energia baixa. Toste-o seco(não lave – ele fica muito grudento quando molhado), coloque-o numa panela aquecida em fogo médio. Para que fique mais solto, adicione a água aos poucos, cubra a panela rapidamente e deixe cozinhar por 20 minutos em fogo baixo.

Delicioso com caldo de gergelim (página 164) ou com abóbora cozida no vapor e amassada.

Cereias Quentes

Grãos Quebrados de Trigo e Centeio

½ xícara de grãos de trigo quebrados
½ xícara de centeio
4 xícaras de água
½ c. chá de sal marinho

Para tirar o melhor sabor dos grãos, toste-os numa frigideira grossa, mexendo constantemente em fogo médio até cheirar tostado – antes de ficarem marrons. Então, espalhe-os na água, mexendo-os para evitar a formação de caroços. Adicione o sal, leve ao fogo brando por aproximadamente 30-40 minutos. Não se esqueça de tampar a panela. Quanto mais cozinhar, melhor será o sabor. Para variar, tente cevadinha quebrada, trigo sarraceno ou arroz integral.

Aveia de um Dia para o Outro

¾ xícara de aveia
¼ xícara de arroz integral
1 pitada de sal
4 xícaras de água

Alternativa de baixa caloria:
Use metade do arroz, metade da aveia

Nossas bisavós costumavam fazer esses cereais no fogão de lenha – deixando-os cozinhar a noite toda no calor do fogão. Para termos um efeito aproximado, podemos cozinhar a aveia e o arroz por cerca de 5 minutos (depois de ferver), então desligar o fogo e deixar a panela tampada até a manhã seguinte. Planeje acordar cedo no próximo dia. Leve a panela ao fogo novamente. Mexa e adicione um pouco de água, se necessário, para uma consistência cremosa... Então, abaixe o fogo e deixe cozinhar por 45 minutos ou uma hora.

Quer um delicioso leite alternativo sem lactose no seu cereal?

Tente Leite de Amêndoa ou de Semente de Girassol (página 111).

E para matar aquele desejo de doce, use uma colher cheia de mel de cereais (veja Endereços no final).

Risotos Rápidos

Trigo de Quibe

1 xícara de trigo
2 xícaras de água
1 pitada de sal marinho

Coloque a água fervendo sobre o triguilho e o sal e deixe tampado por 20 minutos... ou se tiver tempo deixe-o no molho por até uma hora. O importante é que fique macio e solto.

VARIAÇÃO COM CEBOLA:

1 c. chá de óleo de gergelim tostado
1 cebola picada fininha
2 c. sopa de sementes de gergelim ou girassol
1 c. chá de shoyu

Para risoto de cebola, refogue a cebola no óleo de gergelim, mexendo até ficar transparente. Adicione o triguilho (que estava de molho) e as sementes. Refogue rapidamente. Então, adicione a água e deixe ferver. Tampe e deixe cozinhar por 20 minutos em fogo baixo. Tempere com o shoyu.

Risoto de Painço

2 xícaras de painço cozido
1 cebola em cubos pequenos
1 cenoura em cubos pequenos
½ talo de salsão em cubos pequenos ou use outro vegetal verde
2 c. sopa de passas
2 c. sopa de nozes picadas
1 c. sopa de óleo
½ c. chá de curry (opcional)
1 c. sopa de shoyu

Aqueça uma panela, coloque o óleo. Refogue a cebola com uma pitada de sal, mexendo sempre. Quando estiver transparente, adicione o curry e misture bem. Adicione os outros ingredientes (menos o painço), abaixe o fogo, tampe (se preciso adicione algumas gotas de água). Quando a cenoura estiver cozida, destampe, adicione o shoyu e deixe secar completamente. Adicione o painço e misture bem.

Para servir: Umedeça uma xícara, encha-a de risoto e desenforme, fazendo um montinho no meio do prato. Sirva outros vegetais e verduras em volta. Ótimo para dias quentes de verão.

Risoto Azedinho

2 xícaras de restos de arroz integral cozido
½ cebola fatiada
1 xícara de repolho picado
1 ameixa umeboshe, sem caroço
¾ xícara de água

Este é um jantar delicioso e rápido com restos arroz. Pique a umeboshe em pedacinhos bem pequenos. Espalhe-a numa frigideira, adicione os vegetais e refogue-os por alguns segundos. Então coloque o arroz por cima. Adicione a água, tampe, abaixe o fogo e deixe cozinhar por 5-10 minutos até o repolho ficar macio. Misture e sirva.

Nosso Grão Nativo

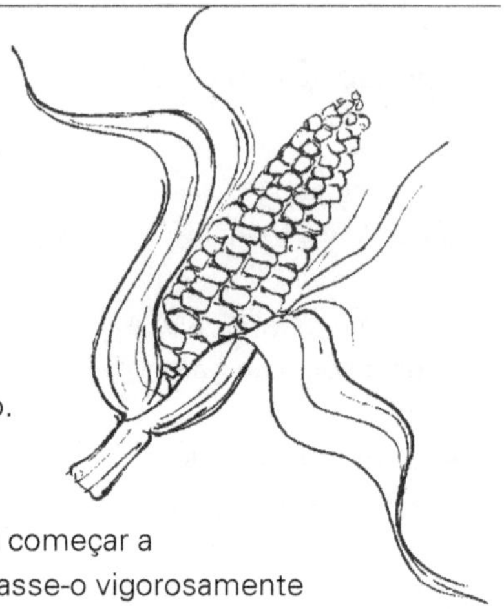

Angu

1 xícara de fubá grosso
3 xícaras de água
¼ xícara de água
1 pitada de sal marinho

Toste o fubá numa frigideira (em fogo brando), mexendo sempre, até sentir um cheiro adocicado. Coloque-o numa panela grossa. Adicione a água fervente mexendo rapidamente para evitar a formação de caroços. Em poucos minutos ele vai começar a engrossar. Então, usando uma colher de pau, amasse-o vigorosamente acrescentando ¼ xícara de água. Depois, abaixe o fogo, tampe e deixe cozinhar de 45 minutos a uma hora. Quanto mais tempo cozinhar, melhor o sabor.

ANGU FRITO: Para ficar mais gostoso ainda, pegue o angu que sobrou do dia anterior, pique-o e refogue-o em óleo de gergelim.

Gersal

1 xícara de semente de gergelim
1 a 2 c. chá de sal marinho

Lave as sementes, escorra e deixe secar. Toste-as numa frigideira grossa, em fogo baixo, até ficarem tostados e quebrarem facilmente entre os dedos. Toste o sal marinho separadamente. Coloque as sementes e o sal num suribache (pilão japonês de cerâmica) e amasse-as até se tornar uma farinha grossa. Guarde num pote de vidro dentro da geladeira. Delicioso sobre o arroz.

Missoshiru – Sopa de Missô

SOPA PARA OS DIAS FRIOS:

2 ½ xícaras de água
½ xícara de cenoura fatiada
½ xícara de agrião picado
1 cebolinha verde picada fina
um pedaço de alga wakame de cerca de 7cm
1 c. sopa de missô (aproximadamente)

VARIAÇÃO PARA O VERÃO:

Substitua os vegetais anteriores por acelga, milho verde, rabanete, nabo, vagem.Tente usar um missô mais claro.

Corte a alga em pedaços pequenos (use uma tesoura). Coloque a água numa panela e leve ao fogo; quando ferver adicione a alga picada e a cenoura e cozinhe por aproximadamente 15 minutos. Adicione o agrião e cozinhe por mais 5 minutos, então adicione a cebolinha e apague o fogo. Dissolva o missô numa vasilha com a água da própria sopa e misture de volta na panela.

A História do Missô

Missô é uma deliciosa pasta fermentada feita de soja e/ou cereais e sal marinho. Tem sido apreciado por séculos na China e Japão como um alimentosaudável e recentes pesquisas sobre nutrição revelam por quê...

O missô é uma boa fonte de proteínas e vitaminas B, além de ajudar a limpar o corpo de radiações e nicotina. Missô não-pasteurizado contém bactérias e enzimas benéficas ao corpo, pois ajudam a reconstruir a flora intestinal, a qual é destruída em dietas com muita carne, açúcar, químicas e antibióticos.

No entanto, se você tem cândida (corrimento), experimente o missô com cautela (veja o livro *The Yeast Connection* de William Cook, M.D.). Em algumas pessoas o missô ajuda a combater esse tipo de infecção, em outras pode piorar.

Para dietas com restrição de sódio, use menos missô na sopa e você ainda terá os benefícios das enzimas vivas.

Feijões Suculentos

Os feijões mais usados na cozinha macrobiótica são: azuki, lentilhas, grão-de- bico e fradinho (feijão preto é usado raramente). Esses têm menos gordura e são nativos de clima temperado.

Azuki e lentilhas são os mais fáceis de usar porque não precisam ser colocados de molho. Algas são incluídas nessas receitas porque ajudam a amaciar os feijões, assim eles cozinham mais rápido e ganham mais nutrientes – cálcio, ferro, vitamina B e minerais.

Feijão Azuki

1 xícara de feijão azuki
4 xícaras de água
1 pedaço de alga kombu
¼ – ½ c. chá de sal marinho

VARIAÇÃO ADOCICADA:

Adicione 1 xícara de abóbora hokaido na última meia hora de cozimento

Lave o feijão e coloque-o numa panela com a alga e metade da água. Tampe e leve ao fogo brando por meia hora. Então, coloque o resto da água fria – isso dá um choque no feijão, fazendo com que ele amacie e cozinhe mais rápido. Deixe cozinhar em fogo brando por mais meia hora ou até ficar suficientemente macio. Adicione o sal nos últimos dez minutos. A propósito, feijão azuki é o que forma menos gases no estômago e intestinos.

Lentilhas

1 xícara de lentilhas
aproximadamente 7cm de
  alga wakame
uma cebola fatiada
água para cobrir
¼ – ½ c. chá de sal marinho
  ou 1 c. sopa shoyu

Lave a lentilha. Corte a alga empedaços pequenos e coloque-a de molho, depois coloque-a numa panela com a cebola e a lentilha. Adicione água até cobrir. Leve ao fogo brando numa panela tampada e, após ferver, deixe cozinhar por 45 minutos. Adicione água se necessário para obter a consistência que deseja. Adicione sal ou shoyu nos últimos dez minutos.

SUCULENTO COZIDO DE LENTILHA

Adicione 2 xícaras de raízes vegetais (cenoura, batata baroa, cebola, bardana, etc.) à receita básica de lentilha acima. Adicione ½ xícara de agrião picado e salsão nos últimos dez minutos. Tempere com louro, ou tomilho e shoyu.

Feijão Preto com Gengibre

1 ½ xícara de feijão preto
4 xícaras de água
1 pedaço de alga kombu
2 c. chá de shoyu
1 c. chá de gengibre picadinho

O Rei dos Feijões... faz um caldo rico e cremoso. Elegante alimento para a alma. Delicioso em casamentos ou piqueniques! Cate o feijão, lave-o e coloque-o de molho durante a noite. Ponha-o numa panela de pressão e deixe ferver sem tampar por 5 minutos. Retire a espuma. Adicione a alga, tampe e deixe cozinhar na pressão por 1 hora e meia. Lembre-se de abaixar o fogo assim que a panela pegar pressão. Quando cozido, retire a pressão, abra a panela, adicione o shoyu e o gengibre e deixe ferver por mais 10 minutos. (Em panela aberta, cozinhe o feijão de 2 a 3 horas até amaciar, adicionando água se necessário.)

Grão-de-Bico

1 xícara de grão-de-bico
3 xícaras de água
1 pedaço de alga kombu
¼ c. chá de sal marinho

Cate o grão-de-bico, lave-o e coloque-o de molho por mais ou menos 6 horas. Se você tem a tendência a formar gases quando come feijão, descarte a água em que o deixou de molho e adicione água fresca. Coloque-o numa panela de pressão e ferva-o por 5 minutos, sem tampar a panela. Retire a espuma. Adicione a alga, tampe, deixe ferver até pegar pressão, então abaixe o fogo e deixe cozinhar por 35-45 minutos. Retire a pressão, abra a panela, adicione sal e deixe cozinhar por mais 10 minutos.

Para Amaciar Feijões e Evitar Gases

1) Deixe de molho durante a noite.
2) Para diminuir a formação de gases, descarte a água do molho e adicione água fresca.
3) Cozinhe na pressão. O feijão fica supermacio.
4) Cozinhe sem tampar pelos primeiros 10 minutos e então retire a espuma.
5) Cozinhe com alga kombu, um amaciante natural.
6) Espere até os últimos 10 minutos para adicionar sal.

Lista de Compras para Começar

Agora, respire fundo e relaxe. Mudanças duradoras acontecem gradualmente. Dia após dia.

Esta lista básica de compras pode lhe ajudar a suprir sua dispensa com quase todos os produtos necessários para as receitas deste livro. A maioria deles é facilmente encontrada em lojas de produtos naturais. Mas se você não puder encontrar um em particular, dê uma olhada na lista de endereços, página 219.

Cereais Integrais e seus Subprodutos

arroz integral (cateto)
painço
aveia
cevadinha
trigo em grão
trigo de quibe (triguilho)
trigo sarraceno
macarrão soba
macarrão integral

Vegetais Frescos da Estação

verduras de folha (veja página 67)

Feijões e Produtos de Soja

feijão azuki
lentilhas
grão-de-bico
feijão preto
tofu (perecível)

Algas

kombu (para feijões)
wakame (para sopas)
agar agar (para gelatina)
nori (para sushi)

Condimentos, Sementes e Nozes

shoyu
sal marinho
missô
óleo de gergelim
raíz de gengibre fresca
vinagre de arroz integral
mostarda natural
araruta (para engrossar caldos)
ameixa umeboshe
semente de gergelim
semente de girassol
amêndoas
nozes

Pães Integrais

pão sírio integral
pães integrais (sem açúcar)

Geléias e Cremes
geléias de frutas sem açúcar
(leia rótulos)
tahine (creme de gergelim)

Frutas e Adoçantes Naturais
frutas frescas locais
frutas secas locais
malte de cereais
suco de maçã

Bebidas
água de mina
banchá
chá de habú tostado
chá de arroz tostado
chás de ervas como:
dente-de-leão, tanchagem,
hortelã, boldo, artemísia, etc.

Cereais para Café-da-Manhã
trigo em grão
milho
flocos de milho e de arroz
granola sem açúcar
aveia em flocos

Lambiscos

Crocantes:
crackers integrais
sementes tostadas: amêndoas, de girassol

Para mastigar (se distrair):
pipoca
pão integral caseiro
chapate de arroz (página 169)

Doces:
passas
amazake
malte de cereais
suco concentrado de maçã, sem
adoçantes
creme de maçã

Ouça o seu Corpo:
Uma visualização guiada

Aqui temos um exercício simples de visualização que você pode fazer a qualquer momento em que as novas informações sobre hábitos alimentares começarem a saturar a sua mente! Isso vai ajudá-lo a se sintonizar com a sua sabedoria interna... e a ver claramente o próximo passo da autocura.

1) Comece sentando-se tranqüilamente numa cadeira confortável.

2) Relaxe... Deixe o seu corpo afundar na cadeira... depositando todo o seu peso na Terra. Perceba como você está respirando... e gradualmente deixe a repiração ficar cada vez mais profunda.

3) Agora, na sua imaginação, entre no seu corpo. Procure por qualquer parte que possa estar se sentindo desconfortável, ou precisando de atenção especial, de amor. Vá até lá e converse com aquela parte, como se estivesse falando com um amigo...

   "Oi, posso ajudar? De que você precisa?" Espere pela resposta.

4) Peça ao seu corpo para lhe dizer, ou lhe mostrar como ele *quer* se sentir.

5) Agora, procure sentir de qual alimento específico o seu corpo precisa para se sentir calmo e com energia. Você gostaria de experimentar algum alimento novo essa semana? Ou prefere um alimento familiar especialmente vitalizante?

Quando obtiver uma resposta, agradeça! Abra os olhos e decida como e quando você quer cozinhar o seu "alimento saudável". Finalmente, coma-o com prazer. Apenas o fato de comer um alimento com o espírito de colaboração com as necesidades intuitivas do seu corpo pode ser o mais importante passo em direção a um incrível e positivo controle sobre sua saúde.

2 Novos Hábitos Alimentares Para Uma Vida Saudável

Seu corpo e seu estilo de vida são únicos.

Não existe ninguém no universo igual a você.

Não lhe parece sensato que, para manter o seu corpo em estado de equilíbrio, a sua alimentação também precisa ser única?

Esse é o motivo pelo qual a maioria das dietas, as quais recomendam o mesmo cardápio para todos os tipos de pessoas, freqüentemente não funcionam.

Pensar numa alimentação adequada para você mesmo, no entanto, funciona.

Para ajudá-lo a planejar refeições as mais equilibradas possíveis, esse capítulo lhe dará uma visão profunda dos Princípios 2 e 3:

---

2) EQUILIBRE AS FORÇAS DA NATUREZA AO COZINHAR

3) USE OS ALIMENTOS PARA CRIAR EFEITOS DESEJADOS NA SUA VIDA

Essa é uma maneira nova de pensar sobre alimentação e cura.

Peça a um amigo para ler essas idéias também... e discuta sobre elas enquanto vocês compartilham uma deliciosa refeição.

Você talvez descubra, como eu descobri, que um novo hábito alimentar floresce melhor em companhia de amigos que entendem nossos motivos de mudança.

Toque um amigo com a sua história de autocura.

Procurem por respostas juntos.

O círculo crescerá.

Princípio Nº 2: Equilibre as Forças da Natureza ao Cozinhar

Tudo o que é vivo no planeta Terra está sempre trabalhando para tentar se equilibrar entre duas forças da natureza, que são ao mesmo tempo opostas e complementares: expansão e contração (conhecidas no Oriente como Yin e Yang).

A contração mantém nosso corpo junto, numa massa densa, compacta.

A gravidade é a força de contração mais forte.

A força expansiva, como a centrífuga, puxa contra a gravidade para criar a atmosfera em volta do planeta, permitindo-nos respirar, caminhar, pensar e sentir.

Para manter uma boa saúde o nosso corpo também precisa manter essas duas forças em equilíbrio.

Os alimentos que comemos todos os dias são o fator que mais contribui para o nosso corpo e o nosso estado de espírito se tornarem relaxados, soltos, expandidos e aéreos, sem firmeza ou pé no chão, ou, ainda, presos, pesados e concentrados demais.

As próximas tabelas podem ajudá-lo a determinar o excesso de alimentos contrativos e/ou expansivos, que podem contribuir para as suas crises de humor ou sintomas de doenças.

Alimentos expansivos

Leves, porosos
Crescem normalmente da terra para cima
Perecíveis
Crescem em clima quente
Macios, suculentos
Frios, molhados
Crus
Doces, azedos ou amargos
Apimentados ou oleosos
Processados quimicamente

Estímulo

Mental, psicológico ou atividade espiritual
Relaxamento, soltura

Alimentos contrativos

Densos, pesados
Normalmente crescem debaixo da terra
Não perecíveis
Crescem em clima frio
Duros, fibrosos
Quentes, secos
Cozidos
Salgados, brandos, ou carne

Estímulo

Atividades físicas
Determinação
Focalização, tensão

Tabela de Equilíbrio

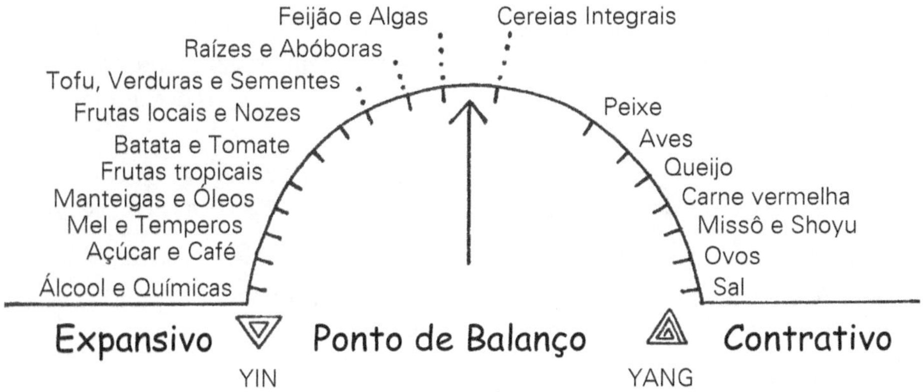

Como se alimentar para obter equilíbrio

1. *Seu corpo tem uma necessidade natural de equilíbrio*
2. *Perceba como os alimentos de um extremo dessa tabela normalmente criam um desejo incontrolável por alimentos do outro extremo,* para se equilibrar.
3. *Ou você talvez perceba que normalmente deseja alimentos de apenas um dos lados dessa tabela.* Será que você os come para equilibrar outros fatores da sua vida? (Café e doces, balas e refrigerantes, por exemplo, são normalmente usados para quebrar a dura rotina do trabalho!) Veja o *Exercício de Equilíbrio Interno*, página 99, para uma maneira gentil de trazê-lo de volta ao centro.
4. *Uma dieta que se fixa constantemente nos alimentos extremos* pode levar a mudanças drásticas e sérios sintomas físicos.
5. *Uma dieta que se fixa nos alimentos do meio* (de frutas locais a peixe) renova as energias, alivia o estresse e previne muitas doenças.

   (Para aprender como as maneiras de cozinhar também influenciam seu equilíbrio, veja página 75.)

A Conexão Alimento/Estado de Espírito

Alimentar-se nos extremos coloca tanto o seu corpo quanto o seu humor em desequilíbrio.

Uma das formas mais fáceis de avaliar se a sua dieta tem sido excessivamente expansiva ou contrativa é percebendo o seu senso de humor. Como ele está? Expandido ou contraído? Ou tem variado de um extremo a outro com muita freqüência?

Dieta muito expansiva (Yin)

Excesso de açúcar, chocolate, álcool, frutas, etc. pode fazê-lo sentir-se rapidamente estimulado e energizado, e então:

esgotado, nas nuvens
confuso, esquecido
preocupado, triste
sensível demais
sem força de vontade
bobo, desamparado, com medo
hiperativo, bêbado
histérico

Dieta muito contrativa (Yang)

Excesso de sal, carne, queijo ou ovos pode fazê-lo sentir-se agressivo e competitivo, e então:

impaciente, frustrado
teimoso, melindroso
pesado, paralisado
insensível
compulsivo, direcionado
controlador
bravo
violento

Quebrando o Círculo Vicioso dos Desejos

Açúcar, cafeína, frutas tropicais e álcool podem deixá-lo nas nuvens e criar desejos incontroláveis de carnes, ovos, queijos e sal para trazê-lo de volta à terra... e então lá vai você de novo em busca de mais açúcar, chocolate, etc.

Para quebrar o círculo vicioso, coma mais cereais integrais e vegetais...

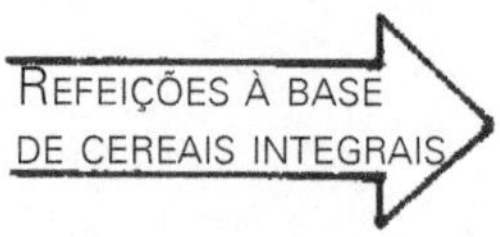

Novo equilíbrio

* Energia estável
* Menos desejos incontroláveis
* Menos mudanças dramáticas de humor

O Elo entre os Alimentos e os Sintomas

Alimentos extremos contribuem também para sintomas yin e yang (super-expandido ou supercontraído).

Tente imaginar o que aconteceria se você consumisse *apenas* frutas, sorvetes e café por seis meses. Você se sentiria com frio? Teria diarréias? O que mais?... Agora, imagine o oposto. Queijos, ovos e sal por seis meses. Você ficaria tenso? Constipado?...

Dê uma olhada na lista abaixo e veja se os seus sintomas mais comuns indicam que a sua dieta tem sido muito yin ou muito yang, ou ambos:

Sintomas Yin

dores crônicas
aguado (nariz escorrendo, diarréia, etc.)
sintomas na parte da frente do corpo ou da cabeça
frio ou febroso
fadiga, fraqueza muscular
dificuldades na inspiração
facilidade para contundir-se

Sintomas Yang

dores agudas
secura (pele seca, constipação, etc.)
sintomas nas costas ou na nuca
febre alta e repentina
tensão muscular
dificuldades na expiração
sono inquieto, revirando na cama, rangendo dentes

Para Aliviar Pequenos Sintomas*

Elimine os alimentos extremos. Coma mais alimentos do meio da Tabela de Equilíbrio. Então, se necessário, ajuste suas escolhas para equilibrar sintomas yin ou yang...

Para problemas de sinusites (yin), coma sopa de missô com raízes (cenoura, inhame, batata baroa, bardana, etc. Visualize os vasos sangüíneos se contraindo.

Ao contrário, para uma dor de cabeça com tensão na nuca (yang), tente um suco fresco de maçã ou uma salada de alface. Visualize os músculos tensos se soltando e relaxando.

* *Para Sintomas Graves*, consulte um orientador macrobiótico e tome aulas de culinária para aprender mais rápido que tipo de alimento e qual método de cozinhar irá ajudá-lo a se equilibrar. Leia o resto desse livro e peça a amigos e familiares para o ajudarem na cozinha. Você merece uma atenção especial e muito amor!

Coma Localmente, Pense Globalmente...

Quando você procura por prazer na alimentação, você normalmente escolhe alimentos extremamente expansivos ou contrativos importados e de regiões de clima diferente?

Açúcar, café, chocolate e frutas de clima frio. Até mesmo a carne do seu hambúrguer pode ter vindo de outro país...

Historicamente, nossa paixão por alimentos prazerosos data de muitos séculos. De 1500 a 1900, esses alimentos preencheram tantos sonhos exóticos como as ações agressivas dos europeus na colonização da África e das Américas. (Por exemplo, a produção do açúcar foi responsável pelo aumento absurdo da escravização e comércio de povos africanos, no século XVII. Leia *Sugar Blues*, de William Dufty.)

Quando sociedades inteiras se tornam viciadas em alimentos extremos, o resultado social pode ser um desequilíbrio dramático e doloroso... Agora, inúmeras pessoas estão morrendo de fome nos países do Terceiro Mundo enquanto suas terras mais férteis são usadas para a plantação de alimentos luxuriosos para nações industrializadas (leia *Diet for a Small Planet*, e *Food First*, de Frances Moore Lappe).

Enquanto a população do mundo cresce, os problemas de alimentos se tornam mais urgentes. As técnicas de agricultura usadas em inúmeras fazendas modernas ameaçam o equilíbrio das forças naturais do planeta.

Por exemplo, o comércio de comida rápida e hambúrgueres tem levado corporações multinacionais a desmatar florestas tropicais em proporções alarmantes a fim de plantar capim para alimentar o gado. As florestas tropicais são responsáveis por uma grande porção do oxigênio da Terra. A metade das espécies do planeta vive nessas florestas.

Nossa sobrevivência está em risco.

É IMPOSSÍVEL SARAR SINTOMAS PESSOAIS A MENOS QUE
ELES SEJAM ENTENDIDOS EM RELAÇÃO ÀS NECESSIDADES DE CURA DO PLANETA...

Os alimentos que você escolhe fazem diferença.

Comece escolhendo o que você *não* vai comprar no supermercado esta semana. Você pode ser um pioneiro de um estilo de vida globalmente mais responsável, o qual preserva os recursos naturais e ajuda a combater a fome no mundo. Um passo de cada vez.

Coma localmente, pense globalmente.

Na prática, o próximo passo nessa nova direção é comer mais produtos integrais que crescem na sua região. Faça compras perto de casa. Procure feiras de produtos locais, cooperativas, lojas de produtos naturais e locais, diretos da fazenda. Procure por frutas e vegetais sem pesticidas, cultivados na sua cidade ou no seu estado; cereais e feijões cultivados no seu país, algas e chás de ervas medicinais que crescem no seu clima. Você estará investindo no futuro de todos.

Comam localmente, pensem globalmente, meus amigos. Juntos, podemos fazer uma grande diferença, criando um novo estilo de vida pelo qual todos nós ansiamos... equilíbrio ecológico, estabilidade econômica, satisfação emocional e um mundo saudável e em paz.

PRAZERES LOCAIS

ameixa
amêndoas
coco
damasco
laranja
maçã
mamão
melancia
morango
nozes
sementes de girassol
outras frutas secas

Tabela de Equilíbrio para Cidadãos do Mundo

CONTRAÇÃO SAUDÁVEL	EXPANSÃO SAUDÁVEL
facilidade para focalizar, concentrar	relaxado, mente aberta
assertivo, determinado	gentil, paciente
racional	criativo, intuitivo
independente	cooperativo
capaz de pedir ajuda	sensível, simpático

Você pode perceber em qual direção você precisa mudar?
A próxima tabela pode ajudá-lo a escolher o alimento certo para alcançar o seu objetivo.....

COMO DIMINUIR ALIMENTOS ESTRESSANTES

Está se sentindo tenso, com pouca energia, mal-humorado ou suscetível a doenças?

Você talvez precise evitar vários alimentos estressantes (listados abaixo em letras maiúsculas).

Alimentos YANG altamente estressantes estão em letras maiúsculas.

Alimentos *YIN* altamente estressantes estão em letras maiúsculas e sublinhados.

Dentro de cada quadro, a ordem dos alimentos na lista vai do mais YANG (contrativo) para o mais YIN (expansivo). Cenoura, por exemplo, é um vegetal bastante yang, batatas são bastante yin. (Veja a Tabela de Equilíbrio na página 45 para entender porque cenouras são alimentos baixos em estresse, e batatas podem ser estressantes – especialmente para pessoas viciadas em doces ou álcool.

✓ Marque os alimentos estressantes que você deseja evitar.

Produtos animais

OVOS
CARNE VERMELHA
AVES
PORCO
Camarão
Atum
Salmão
Halibut
Molusco
Ostra

Laticínios

QUEIJO DE CABRA
QUEIJOS DUROS
Leite de cabra
Queijos frescos
Leite de baixa caloria
LEITE
MANTEIGA
QUEIJO CREMOSO
IOGURTE
SORVETE DE YOGURTE
SORVETE

Adoçantes

Amazake
Creme de maçã
Malte de cereais
MEL
FRUTOSE
MELADO
AÇÚCAR
ADOÇANTES ARTIFICIAIS

Bebidas

Banchá
Chá de arroz tostado
Chá de cevadinha tostada
Café de cereais
Aguá mineral
Chá de ervas
Suco natural de maçã
Suco natural de melancia
SUCO DE FRUTAS TROPICAIS
CHÁ PRETO
CHÁ MATE
CAFÉ
BEBIDAS ALCOÓLICAS
REFRIGERANTES

Óleos

Gergelim
Girassol
Milho
Amendoim
COCO

Sementes e nozes

Gergelim
Girassol
Abóbora
Amêndoa
Amendoim
Noz
CASTANHA-DE-CAJU
MACADÂMIA
CASTANHA-DO-PARÁ

(continua...)

Vegetais

Bardana
Batata baroa
Cenoura
Agrião
Abóboras de casca dura
Inhame
Salsinha
Cebola
Alho porró
Cebolinha verde
Nabo redondo
Rabanete
Nabo
Couve
Mostarda
Nirá
Repolho
Acelga
Alface
Brócolis
Couve-flor
Beterraba
Salsão
Fava
Almeirão
Ervilha em fava
Cogumelos
Abobrinha
Brotos
Alcachofra
Aspargos
Espinafre
Pepino
PIMENTÃO VERDE
BATATA
MAIONESE
BATATA-DOCE
TOMATE
BERINJELA

Cereais

Sarraceno
Painço
Arroz integral
Trigo
Centeio
Cevadinha
Aveia
Milho

Beans

Azuki
Grão de bico
Lentilha
Feijão preto
Feijão fradinho
Soja
Tempê
Tofu
Ervilha

Frutas

Mamão
Maçã
Morango
Melancia
Pêra
Pêssego
Limão
Passas
Ameixa preta
Laranja
Uva
BANANA
MANGA
ABACATE
PAPAIA
TÂMARA
ABACAXI
COCO
FIGO

Algas

Hijiki
Arame
Kombu
Wakame
Nori
Agar-agar

Ervas, condimentos aromatizantes

Alho
Salsinha
Orégano
Manjericão
Canela
CHOCOLATE
PIMENTA MALAGUETA
SABORES ARTIFICIAIS
PRESERVATIVOS

Condimentos

SAL REFINADO
SAL MARINHO*
MISSÔ*
SHOYU*
Gengibre fresco
Ervas frescas
Vinagre de arroz
VINAGRE DE MAÇÃ
MOSTARDA
KETCHUP
MOLHOS DE PIMENTA

(* Qualquer tipo de sal em excesso pode causar estresse. No entanto, em pequenas quantidades, sal marinho, missô e shoyu podem trazer benefícios para a saúde. Veja a próxima página para esclarecer a sua necessidade de sal).

✓ Agora volte à lista acima com uma caneta colorida e marque os alimentos baixos em estresse que você gostaria de experimentar.

Decidindo Sobre o Sal

Sal, o alimento mais contrativo, é essencial para a sobrevivência humana.

Viemos do mar e os fluidos do nosso corpo são uma solução salgada. O sal mantém essa solução regulando o equilíbrio eletrolítico. Mas só precisamos dele em pequenas quantidades.

A nossa necessidade de sal varia com as mudanças de ciclo de vida. Por exemplo, bebês, cujos pequenos corpos crescem e se expandem muito rápido, quase não precisam de nenhum sal contrativo. Mas adultos de meia-idade geralmente precisam de uma pequena quantidade de sal diaramente para ajudar na manutenção da força e focalização mental. Mulheres com tensão pré-menstrual, no entanto, geralmente atestam que os sintomas de inchaço e irritabilidade, além de desejos por alimentos doces, podem ser aliviados diminuindo a quantidade de sal ingerido nas duas semanas antes da menstruação (a fase contrativa do ciclo menstrual). Idosos, depois de uma vida com uma carreira ativa, normalmente percebem que uma dieta com menos sal ajuda a relaxar e apreciar os prazeres sutis da vida.

Quando comprar sal, tome cuidado, porque a qualidade varia muito. Procure por sal marinho, úmido, retirado manualmente, o qual contém resíduos minerais (magnésio, zinco, cobre, iodo, etc.). Sal refinado, pelo contrário, não apresenta resíduos minerais e geralmente tem adição de açúcar (dextrose).

NENHUM SAL	BEBÊS raramente precisam de sal. PESSOAS SE RECOBRANDO de uma dieta alta em sal, carne, queijo, ovos e alimentos industrializados talvez precisem de muito pouco sal por 2-3 anos.
UMA PITADA	CRIANÇAS EM CRESCIMENTO, IDOSOS, MULHERES depois da menopausa e mulheres com TPM devem ser cautelosos... pouco sal, sem exagero.
ALGUM SAL	ADOLESCENTES E ADULTOS ATÉ A MEIA-IDADE normalmente precisam de refeições levemente salgadas para manter a energia e a focalização mental.
SALGADO	PESSOAS SE RECOBRANDO de uma dieta rica em açúcar, álcool, cafeína, drogas (ou até mesmo sucos de frutas e saladas cruas) talvez precisem comer alimentos cozidos com uma boa quantidade de sal por algum tempo, para ajudar a recuperar o equilíbrio.

Shoyu, missô, conserva de repolho, picles, umeboshe, tekka e shiso são bons condimentos e fontes de sal de boa qualidade. Mas tome cuidado. É muito fácil exagerar no sal (regra geral: eu normalmente sirvo alguma coisa sem sal em cada refeição). Pergunte ao seu corpo se você precisa diminuir no sal ou talvez aumentar um pouco.

Diminua no sal se você:	**Carregue um pouco no sal se você:**
Se sente tenso	Não consegue se concentrar
Range os dentes	Sente-se sem energia
Sente muita sede	Fica gripado com facilidade
Desespera-se por doces sem mais nem menos	Sente-se superpreocupado com os outros
Sente as mandíbulas tensas	Come muito doce constantemente

Enganando o Açúcar

Se você está tentando cortar o açúcar da sua alimentação, você está de frente para um grande desafio.

O açúcar é enganador e sedutor,
sentimental e apaixonante.

Vá em frente. Tente se livrar dele.
Suas visitas irão valsar à sua porta com uma sobremesa de açúcar.
As crianças vão chegar em casa com os bolsos cheios dele...
Seus avós vão implorar para que você seja mais razoável.

Para sua sanidade mental, volte um pouco atrás, crie alternativas!
Asse biscoitos (cookies) com entusiasmo esfuziante, usando suco de maçã, passas ou xarope de cereais para adoçá-los.

Para um docezinho, tente fazer uma torta de abóbora ou uma compota de maçã.

Mas para o doce mais sutil de todos...
Espere. Espere até o momento em que a saliva escorra doce pela sua língua para dar a primeira mordida. Orvalho dos céus, isso é como dizem os japoneses. Esse doce é você.

(Para receitas fantásticas de sobremesas sem culpa, veja capítulo 8).

Livrando-se da Gordura

Da gordura firme e consistente, de carne, ovos e queijos... às mastigáveis gorduras das nozes e das sementes... até as cremosas e oleosas gorduras da manteiga, maionese e molhos para saladas... Elas são duras de resistir. (Não se esqueça das gorduras doces do sorvete, bombons e bolos.)

De 40% a 45% da dieta normal americana é composta de gorduras. Evidências científicas crescentes fazem ligação entre a gordura e os ataques cardíacos, diabetes e câncer. Ultimamente, muitos médicos recomendam que cortemos a ingestão de gorduras para menos da metade.

O que a gordura provoca

✓ diminui a circulação sangüínea no cérebro
✓ dificulta o funcionamento do fígado, intestinos, rins e pulmões
✓ causa desequilíbrio hormonal que pode provocar TPM e câncer no aparelho reprodutor
✓ aumenta o risco de alergias, diverticulite, pressão alta e muitas outras condições degenerativas

No entanto, se você quer se livrar da gordura, talvez seja importante considerar um fato sobre o qual a maioria dos médicos não fala. A gordura tem um propósito. Uma boa razão de ser, pois ajuda a fazer a sua vida funcionar.

Pense sobre o valor positivo da gordura na sua vida. Então, tente fazer o que eu fiz. Diga muito obrigado.

"Obrigado, gordura, pelo conforto. Por me isolar das loucas vibrações da vida do século XX. Por diminuir a minha velocidade quando me torno compulsivo. E por me colocar para dormir quando estou morrendo de cansaço...

Obrigado, gordura, especialmente por me fazer estalar os lábios de contentamento, nessa idade nuclear de incertezas.

Nunca esquecerei seus prazeres amanteigados. Mas agora que estou aprendendo a viver mais leve na Terra e aproveitando os benefícios... eu agradeço."

Onde Está a Gordura?

Gorduras Altamente Estressantes	Gorduras de Baixo Estresse	Alimentos Pobres em Gordura
Ovos	Tofu	Cereais integrais
Carne	Tempê	Macarrão de cereais integrais
Alimentos fritos	Soja	Pães integrais (sem óleo)
Queijos	Aves (sem pele)	Feijão azuki e lentilhas
Salmão	Peixe	Saladas
Creme	Aveia	Vegetais cozidos
Leite integral	Produtos de leite de soja	Seitan
Iogurte	Leite light	Leite e iogurte sem gordura
Manteiga	Produtos de leite de cabra	Sopas cremosas sem laticínios
Margarina	Manteiga de tofu	(feito de cereias e vegetais)
Molhos para salada	Tahine	Algas
Coalhada	Óleos não-refinados	Molhos para saladas sem óleos
Requeijão cremoso	Òleo de gergelim	Araruta (para molhos e cremes)
Maionese	de milho	Chapati de arroz
Nozes	de girassol	Chapate de trigo integral
Manteiga de nozes	Azeite de oliva	Manteiga de cenoura caseira
Óleo de dendê	Sementes de girassol	Crackers de arroz
Óleo de coco	de abóbora	Frutas
Abacate	Granola	Amazake
Chips	Cookies caseiros (pouco óleo)	
Cookies e bolos	Tortas com pouco óleo	
Pizza	na massa	
Sorvete	Iogurte light	

Gorduras Altamente Estressantes:	gorduras animais saturadas, óleos tropicais, nozes, óleos hidrogenados e todos os tipos de alimentos que combinam gordura com farinha branca, açúcar ou químicas.
Gorduras de Baixo Estresse:	óleos vegetais não-saturados, feijões, sementes, leites light e delícias feitas de alimentos integrais.
Alimentos Pobres em Gordura	a maioria dos cereais, vegetais, algas, frutas e condimentos naturais.
Uma Dica Inteligente:	Diminua o sal se você quer diminuir a gordura. Dietas altas em sal podem criar desejos por gordura.

Vegetais que Dissolvem Gorduras:	rabanete	cebola	cogumelos shiitake
	nabo	cebolinha	
	nabo redondo	alho porró	

Princípio Nº 3: Use Alimentos para Criar Efeitos Desejados

A maioria das pessoas não percebe o fato de que o tipo de alimento que comemos tem um impacto direto sobre a nossa habilidade de alcançar nossos objetivos.

Você trouxe presentes especiais aqui para a Terra. Sem saber, você talvez tenha estado comendo, por toda a sua vida, alimentos que lhe têm impedido de usar seus talentos plenamente.

Você tem alimentado o desejo secreto de ser um artista, um escalador de montanhas ou um advogado brillhante? Veja como começar a usar os alimentos para fazer crescer os seus sonhos:

Se socê se sente:	Mas quer se sentir:	Coma:
 Sistemático, tenso, com calor, trabalhando demais	 Mais criativo, intuitivo, sensível, relaxado	MENOS: sal carne ovos queijo alimentos duros e assados MAIS: Alimentos brandamente expansivos (veja próxima página)
 Confuso, fatigado, alheio, mal-humorado, com fissura por doces, suscetível a tudo	 Mais focalizado, assertivo, fisicamente ativo, pé-no-chão	MENOS: açúcar e mel alimentos crus e sucos alimentos e bebidas frias batatas e tomate álcool, drogas e alimentos preservados MAIS: Alimentos brandamente contrativos (veja página 46)

Equilibrando a SuperContração

Uma dieta que inclui muito queijo, ovos, carne e muitos salgadinhos, pode fazer você se sentir...

Pesado, vagaroso, seco e com sede, esquentado, tenso, mole ou constipado, frustrado, irritado e irritável ou preocupado demais com a vida.

Para se sentir mais relaxado, renovado, inspirado e criativo, tranqüilo, receptivo e sensível (mantendo-se produtivo...), procure se equilibrar com:

Alimentos Ligeiramente Expansivos

Vegetais variados cozidos no vapor
Saladas
Milho cozido
Cereais cozidos em caçarola e feijões
Macarrões e pães integrais
Tofu, tempê, peixes ocasionalmente
Frutas locais e sementes de girassol
Sobremesas sem culpa (veja página 8)

Para quebrar o hábito do pão, queijo e café com leite no café-da-manhã, experimente as sugestões abaixo:

Receitas para reequilibrar

Aveia Cozida, p. 34
Arroz com Passas, p. 110
Bolinho de Arroz com Gergelim, p. 172
Tofu Mexido, p. 115
Salada de Arroz e Sementes de Girassol, p. 112
Refogado de Milho Verde, p. 86
Salada de Macarrão, p. 112
Vegetais Chineses Luxuosos, p. 117
Panquecas para Todos, p. 119
Maionese de Tofu, p. 114
Papa de Arroz, p. 110
Sopa de Lentilha ou Ervilha, p. 89
Sopa de Peixe, p. 116
Bolo de Fubá, p. 184
Risoto de Triguilho, p.35
Verduras no Vapor, p. 78
Gelatina Deliciosa, p. 125

Equilibrando a SuperExpansão

Uma dieta com muito açúcar, mel, café, leite, álcool, drogas e alimentos que viciam... ou até mesmo com excesso de fruta, iogurte, salada, batata, tomate e molhos apimentados, pode levar a...

Vontade constante de comer doces, euforia seguida de desânimo e fadiga, pés e mãos frios, falta de força de vontade, mau humor, vida de sonhos, confusão, diarréias e constipações, gripes constantes e baixa resistência imunológica.

Para se sentir aquecido e energizado, mais assertivo, com pensamento claro e focalizado, com mais estabilidade emocional, calmo com a energia estável, evacuação normal e uma incrível resistência a infecções, procure se equilibrar com:

Alimentos Brandamente Contrativos

Cereais e feijões cozidos na pressão
Raízes e abóboras mais secas
Verduras escuras
Macarrão soba
Sopa de missô
Algas e peixes
Sobremesas moderadas (ver capítulo 8)
Sementes tostadas

Receitas para reequilibrar

Sopa de missô, p. 37
Arroz integral na pressão, p. 32
Painço, p. 33
Gersal, p. 36
Sopa de azuki com abóbora, p. 88
Sopa de feijão preto, p. 88
Peixe assado com gengibre, p. 118
Vegetais chineses luxuosos, p. 117
Verduras cozidas, p. 82
Panelada de lentilha com wakame, p. 140
Hambúrger, p. 176
Sopa de soba, p. 116
Papa de arroz, p. 110
Cobertura de gergelim, p. 84
Abóbora com canela, p. 82
Creme de maçã, p. 124
Manteiga de cenoura, p. 122
Cookies (biscoitos), p. 162

Café-da-Manhã: Uma Experiência

Essa é uma experiência simples que pode revelar a grande diferença entre os efeitos que dois tipos distintos de alimentos podem provocar no seu bem-estar.

Por 5 dias, coma apenas um tipo de alimento a cada manhã no desjejum (coma o quanto quiser). Coma um tipo de alimento diferente a cada dia. Por exemplo:

Dia 1: frutas locais frescas ou vegetais cozidos
Dia 2: aveia ou torrada (sem leite nem manteiga)
Dia 4: ovos, bacon, queijo ou semente de girassol
Dia 5: arroz integral ou painço

Sente-se tranquilo após comer e reflita. Perceba como o seu nível de energia, humor e sintomas físicos respondem ao alimento que você comeu durante a manhã. Então, registre as suas observaões em um diário, como no exemplo abaixo:

Diário de Alimentação:

	O que comi:	Como me senti imediatamente após	Duas horas depois
Dia 1			

Esse teste provavelmente o ajudará a descobrir que você é altamente sensível a determinados tipos de alimentos. Essa sensibilidade ou alergia pode ser a maneira pela qual o seu corpo tenta lhe dizer para começar a cozinhar alimentos mais apropriados para os seus objetivos. Evite por 1 a 3 meses alimentos que podem lhe causar irritação. Experimente vários novos tipos de alimentos (e/ou talvez novos objetivos de vida!)... Então, teste a sua sensibillidade de novo.

Tudo sobre Laticínios

O leite exerce uma misteriosa atração sobre nós.

Apesar de o leite de vaca ser basicamente indigesto para os seres humanos, muitas sociedades do Norte da Europa, Índia e Norte da África descobriram que ao fervê-lo ou fermentá-lo, na forma de iogurte ou queijo, poderiam torná-lo um tipo fino de alimento, muito prazeroso, enriquecendo os prazeres gustativos da vida.

Por séculos, esses produtos foram apreciados em pequenas quantidades, como uma adição à alimentação baseada em cereais. Mas na América do século XX, levamos o uso de laticínios ao extremo... fazendo do leite, queijo, manteiga, requeijões e sorvetes a parte principal da nossa alimentação diária.

De acordo com muitos especialistas em alergias, médicos, pesquisadores sobre comportamento e práticos de medicina alternativa, temos ido longe demais. O consumo exagerado de laticínios tem tido muitos efeitos negativos na nossa saúde.

Eu o encorajo a refletir sobre as descobertas científicas nessa área e ainda a fazer experiências e decidir por você mesmo como os produtos lácteos podem estar afetando a sua saúde:

✓ **DESORDENS DIGESTIVAS** sempre tendem a melhorar quando reduzimos laticínios. Isso é porque a caseína, a maior proteína do leite, forma coágulos indigestos que grudam no nosso estômago e revestem as paredes do intestino, interferindo na nossa habilidade de absorver nutrientes (*Fit for Life,* Harvey & Marilyn Diamond).

✓ **SINTOMAS PRÉ-MENTRUAIS** como inchaço, dores de cabeça, irritabilidade, confusão e cólicas geralmente melhoram de forma significativa numa dieta sem laticínios (*The Pre-Menstual Syndrome Self Help Book,* Susan Lark, M.D.).

✓ **ALERGIAS** de todos os tipos geralmente apresentam melhoras significativas numa dieta sem laticínios... sinusites agudas, alergias a alimentos e alergias a partículas encontradas no ar. Isso acontece possivelmente porque a digestão do leite cria uma grande quantidade de muco, o qual torna o funcionamento dos órgãos mais lento, causando cansaço e fadiga.

✓ **CRIANÇAS SUPERATIVAS OU COM FADIGA CRÔNICA** são quase sempre alérgicas a laticínios (assim como açúcar e milho) de acordo com William Crook, M. D., que tem trabalhado com milhares de crianças alérgicas (*Don't Drink Your Milk,* Frank Oski, M. D.).

✓ **A INCIDÊNCIA DE CÂNCER DE MAMA É MUITO MAIS ALTA** em, países que consomem uma grande quantidade de produtos lácteos. A gordura encontrada nesses produtos pode causar desordens hormonais (provocando um super-crescimento de estrogênio e produzindo bactérias no intestino). Este desequilíbrio de estrogênio está ligado não só ao câncer de mama, mas também ao início prematuro da menstruação na puberdade, sangramento excessivo durante a menstruação e menopausa tardia (*McDougall's Medicine,* John McDougall, M.D.).

EXPERIMENTE POR DUAS SEMANAS UMA DIETA SEM NENHUM LATICÍNIO para descobrir se a lactose é uma das causas dos seus problemas de saúde. Você talvez experimente aumento de energia, perda de peso e maior claridade mental. Problemas de sinusite talvez melhorem, mas não se surpreenda se você tiver uma eliminação de muco. Se isso acontecer é porque, provavelmente, seu corpo está dando sinais de que ele está feliz de ter uma chance de se livrar do muco acumulado pela dieta anterior.

PARA CORTAR OS LATICÍNIOS GRADUALMENTE, tente eliminar o consumo de leite e seus derivados, na forma integral, substituindo-os por quantidades menores de leite, queijo e iogurtes com baixo teor de gordura. Esses terão uma menor probabilidade de conter doses fortes de antibióticos e penicilina, produtos que são amplamente usados no leite e seus derivados. Ou tente leite de cabra e seus derivados. Com menos gordura, o leite de cabra é de digestão mais fácil para muitas pessoas.

PARA AUMENTAR AS FONTES DE CÁLCIO na sua dieta, coma pelo menos uma porção diária de verduras de folha escura (veja p. 80-82). Para maior concentração de cálcio ainda, cozinhe regularmente com algas marinhas (veja p. 129).

Para a sua conveniência, nenhuma receita nesse livro tem produtos lácteos.

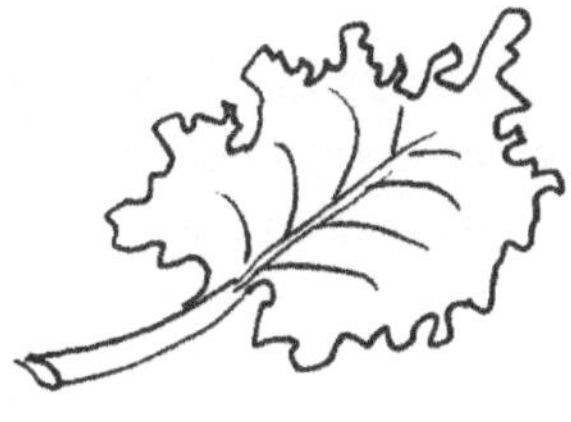

PARA CÁLCIO Aumente as porções diárias de verduras, como couve, agrião, salsinha, etc.

Para Comedores Apaixonados

Você foi abençoado.

Deus concedeu a você o prazer de amar todos os sabores, texturas, cores, aromas e sensações que passam pelos seus lábios.

Mas se esse capítulo está deixando claro que você precisa, pelo amor à sua saúde, quebrar costumes arraigados de comer aqueles alimentos ricos em gorduras, cremosos, amanteigados, apimentados, doces ou muito temperados, e cair de cabeça em alternativas para lá de exóticas, eu sugiro que você comece com:

Amontoado de prazeres

Salada de Arroz pra Casamento
Pizza de Tofu e Lasanha
Espaguete Marinara
Recheio saboroso e Creme de arroz
Hummus
Panqueca para Todos
Salada de Macarrão com Molho de Gergelim
Peixe Assado com Gengibre
Sopa de Feijão Preto
Vegetais Chineses Luxuosos
Waffles de Gergelim

Doces prazeres

Sopa de Azuki com Abóbora
Abóbora com Canela
Cozido de Inverno
Cenoura Refogada
Legumes Assados
Manteiga de Abóbora
Creme de Maçã
Torta de Abóbora
Cookies de Aveia
Manjar de Arroz

Seu dever de casa... compartilhe conosco a sua paixão. Por favor, suspire de satisfação, balbucie, murmure com o prazer dos novos gostos... Pratique com amigos!... Aprecie cada coisa com calma. A cada colherada, fale para o cozinheiro (especialmente se você é o próprio) o quanto você gosta da comida...

É maravilhoso que você goste dessa comida – ela gosta de você também!

Tabela de Combinação de Alimentos

Finalmente, é importante saber (especialmente se você tem dificuldades de digestão ou alergia a certos alimentos) que a combinação de alimentos na refeição faz uma grande diferença na capacidade do seu corpo de digeri-los:

Use essa tabela para ajudar a planejar refeições mais harmoniosas:

De fácil digestão	Formadores de gases
Cereais com vegetais	Frutas ou doces com feijão
Macarrão com vegetais	Frutas com vegetais
Feijão com vegetais	Frutas com cereais, lactoses ou carnes
Frutas locais cozidas (sozinhas)	Cereais com lactose ou carne
Melancia ou mamão	Melão com qualquer outra coisa

Conclusão:

Tanto faz se você é um artista temperamental ou um forte trabalhador da construção civil... Se você tem uma paixão por comida ou sofre de alergia a algum tipo de alimento... os princípios de autocura deste capítulo podem ajudar a costurar as suas escolhas para criar um novo equilíbrio no seu corpo, no seu estado de espírito, na sua vida:

Princípio nº 2: EQUILIBRE AS FORÇAS DA NATUREZA AO COZINHAR

Princípio nº3: USE OS ALIMENTOS PARA CRIAR OS EFEITOS DESEJADOS

Esses princípios vão além da sua cura pessoal, eles podem ainda ser um passo na direção da solução de problemas que afligem o nosso planeta.

Lembrem-se de *comer localmente e pensar globalmente*, meus caros amigos.

Você estará ajudando a alterar práticas de comércio e agricultura que ameaçam a sobrevivência de todos na Terra. Isso é bom o bastante para fazê-lo escolher aquele "prato light", não é?

Cozinhando com Iluminação

Está no fio da faca.
Está descansando. Está no coração da colher de pau.
Esperando por você para agitá-la.
Está dançando nas beiradas encaracoladas da mostarda.
E faz bolhas dentro da panela.
Enfim, está dentro de você.

A luz indefinível que cura.

Na filosofia oriental, essa luz e energia viva tem um nome. Eles a chamam de ki ou chi. Quando aprendemos a deixá-la fluir, ela pode nos sentir, vitalizando cada célula...

Essa é a matéria misteriosa que compõe a vida. Procure por ela brilhando na água. Tempere a sua comida com ela todos os dias. Em breve você perceberá o seu potencial ganhando vida (potencial para uma vida maravilhosa e aventureira). Mais do que você algum dia pôde imaginar.

Mas cuidado! Essa é uma força poderosa. Quando essa luz toca e flui por áreas da sua vida ou do seu corpo as quais já haviam se tornado estagnadas ou doentes há muito tempo, ela pode balançar as estruturas e introduzi-lo rapidamente no novo e no inesperado.

Cozinhe com luz e você talvez caia de cama. Com o nariz escorrendo, tossindo, ou com uma febrezinha. Deixar que uma nova energia entre no seu corpo pode fazer com que suas células comecem a eliminar as sujeiras acumuladas, as toxinas, criando espaço para células novas e saudáveis desabrocharem.

Se isso acontecer, deixe-se ir com a onda. Imagine que existe luz no seu sangue, gentilmente brilhando em cada cantinho escuro. Então, dê uma olhada no Glossário de Alimentos que Curam (página 195). Você talvez descubra que alguns simples remédios caseiros da tradicional medicina oriental pode ajudá-lo a se levantar mais rápido do que você pensa.

Qual é a sensação quando essa luz encontra-se em casa no seu corpo?

É uma sensação calma de energização. Procure por isso em todos os lugares.

3 Variando com Vegetais e Sopas

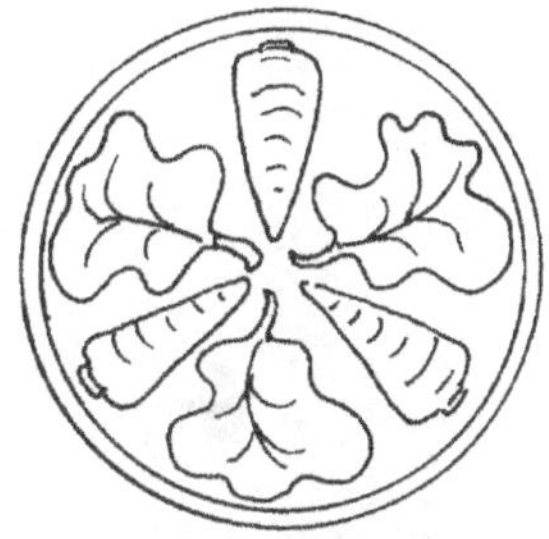

Você já comeu nabo alguma vez? Vegetal longo, branco e bom para a sua saúde – tem um gosto ardido e picante, quando cru, mas quando cozido é suave, macio e até meio adocicado. É também muito conhecido no Oriente por sua habilidade de dissolver excesso de muco e gordura do corpo. Está ficando curioso para prová-lo?

Esse capítulo pode ajudar a transformar a sua maneira de cozinhar.Da simples cozinha do "feijão-com-arroz" às maravilhosas descobertas de novas formas de preparar mais de 45 variedades de saborosos e nutritivos vegetais de cada estação.

No outono, experimente as abóboras de casca dura assadas para um saboroso conforto adocicado. Na primavera coma mais mostarda, ou folhas de nabo cozidas no vapor para energizar com vitamina C, cálcio, fibra e ferro. Ou sopa cremosa de brócolis com pouco óleo, em qualquer estação, para fazer seu estômago feliz.

Compre produtos orgânicos. Confie nos seus instintos para escolher os mais saudáveis.

Com os novos sabores derretendo gentilmente na boca, a memória dos amanteigados, dos queijos derretidos, dos vegetais congelados, supercozidos e aguados, desaparecerá gradualmente.

Novos prazeres o estarão esperando. Crocantes, torrados e com novas cores... Doçuras que derretem na boca. E a satisfação de encontrar vegetais e sopas específicos que melhoram o humor e aumentam o nível de energia.

Se o seu interesse por eles está aumentando e você imagina o quanto amaria poder cultivá-los, saia de casa, compre sementes dos seus vegetais favoritos e aprenda maneiras orgânicas de cultivá-los. Assim você estará renovando a vida verde na Terra.

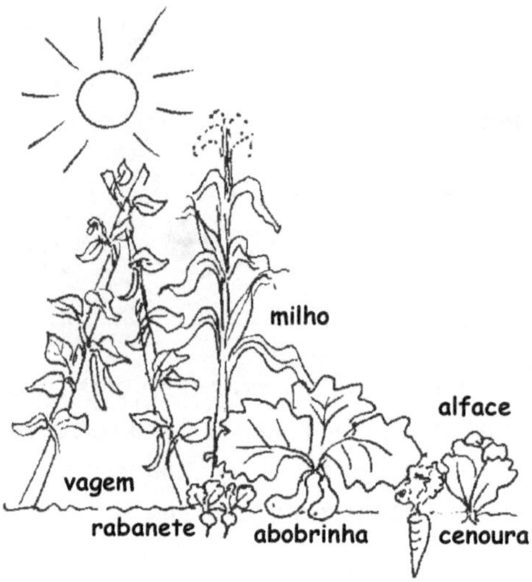

Horta de Verão

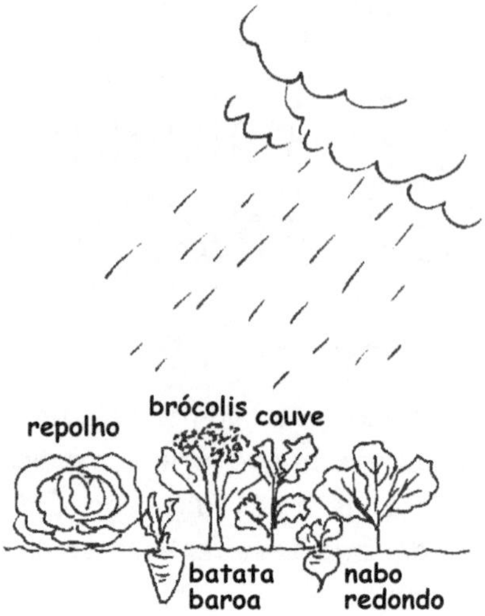

Horta de Inverno

Comendo com as Estações

Quando comemos vegetais da estação, cultivados localmente, eles nos ajudam a nos adaptarmos melhor ao nosso ambiente, conectando-nos sutilmente com o ritmo das estações.

Vegetais mais contrativos como cenouras, couve, brócolis, batata baroa e nabo redondo nos dão estamina e vitalidade quando os comemos no inverno.

Vegetais mais expansivos como alface, milho, vagem, pepino e abobrinha têm um grande conteúdo de água para ajudá-los a florescer no calor. Mantemos o nosso corpo fresco quando os comemos durante o verão.

Muitos vegetais crescem durante todo o ano. Fale com pessoas que têm hortas ou procure livros que ensinam a cultivá-los, assim você fica sabendo quais vegetais estão em estação em sua região.

Picles e vegetais secos são mais comuns no inverno e, ainda, abóboras de casca dura, raízes e repolhos.

Veja na próxima página o guia de compras de vegetais saudáveis que crescem no seu clima.

Os Vegetais que Mais nos Beneficiam

Verduras de Folhas

mostarda
folhas de nabo
agrião
acelga aberta
acelga fechada
alface
salsinha
almeirão

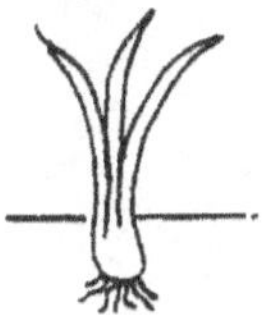

Os Dissolvedores de Gordura

rabanete
nabo comprido
nabo redondo
cebola
cebolinha
alho porró
cogumelo shiitake

A Família do Repolho

todos os tipos de repolho
brócolis
couve-flor

Raízes Nutritivas e Abóboras de Casca Dura

cenoura
batata baroa (cenoura branca)
bardana
raíz de lótus
inhame

Abóboras: ebisu (ou hokkaido), é muito saborosa; experimente outros tipos da sua região.

Verduras de Folhas: Pelo menos uma porção de verduras diariamente enriquecerá sua dieta com clorofila, ferro, cálcio, vitaminas C e A e fibras para limpar o intestino.

Dissolvedores de Gorduras: Está precisando perder peso ou diminuir o colestrol? A medicina chinesa recomenda a ingestão de rabanete, nabo, cebola, cebolinha, salsão e cogumelos shiitake para dissolver gorduras e excesso de muco.

A Família do Repolho: Contém nutrientes que podem prevenir câncer – junto com os repolhos, essa grande familia inclui brócolis, couve-flor, rabanete, nabo comprido, nabo redondo, agrião e mostarda (veja *Diet and Cancer*, National Academy of Science, 1982).

Raízes e Abóboras de Casca Dura: Também previnem contra o câncer e são uma maravilhosa fonte de vitamina A, betacaroteno, minerais e fibras.

Que tal um docinho?

Para reduzir desejos de doces, coma mais vegetais doces.

Vegetais doces cozidos podem fazer milagres para acalmar seu desejo por doces e estabilizar sua energia física e seu humor. Prepare-os em tortas, sopas, pudins ou cozidos.

Pelo contrário, doces intensos como açúcar, mel ou melado talvez agravem o seu desejo por doces e causem uma explosão de energia, seguida de fadiga.

Excesso de frutas ou de sucos pode provocar queda de energia também (a maioria das frutas tem mais açúcar do que os vegetais doces).

Então, se precisar de "guloseimas doces" para as crianças... tente abóbora, batata doce, cenoura branca (batata baroa) ou cenoura – cozidos no vapor ou assados e amassados em patês ou pudins. Eles são maravilhosos para os diabéticos também (veja Manteiga de Cenoura, p. 122).

Solanáceas e outros Vegetais Estressantes

Solanáceas
Tomate
Batata
Berinjela
Pimentão Verde
Pimentão Vermelho

Vegetais Alto-Oxálico
Espinafre
Beterraba
Ruibarbo

Solanáceas (que incluem tomate, batata, berinjela e pimentões) fazem parte de um grupo de vegetais que talvez você queira diminuir – especialmente em tempos de estresse.

Pesquisas mostram que eles aumentam o ritmo do coração enquanto diminuem o da digestão. São ricos em alcalóides, o que bloqueia a absorção de vitamina B (vitamina-chave no combate ao estresse). Podem ainda agravar sintomas de artrite e reumatismo (veja *The Nightshades and Health*, por Norman Childers).

Outros vegetais que são potencialmente estressantes para o corpo incluem *ainda espinafre e beterraba.* Eles contêm ácido oxálico, o qual rouba cálcio do corpo – aumentando o risco de osteoporose e pedras nos rins.

Todos esses vegetais YIN fazem com que você procure se equilibrar desejando alimentos extremamente YANG como carne, ovos e queijos. Mas numa dieta de autocura, você talvez prefira evitá-los temporariamente, enquanto seu corpo ganha força e aprende uma nova maneira mais gentil de se manter em equilíbrio. (Para um maravilhoso molho para espaguete sem tomate, veja p. 178).

PRODUTOS ORGÂNICOS FAZEM MUITA DIFERENÇA

Pesquisadores da Rutgers University têm mostrado que produtos não-orgânicos dos supermercados são pobres em resíduos minerais – eles contêm menos de 25% dos minerais encontrados nos vegetais orgânicos. A tabela abaixo mostra os resultados.

Produtos orgânicos têm um melhor sabor, e comendo-os freqüentemente estamos reduzindo os riscos de ingerir e acumular todas as químicas usadas nos produtos comerciais não-orgânicos. Agricultores usam químicas e pesticidas para fertilizar e tratar o solo. Distribuidores e supermercados usam tintas e ceras para preservar os vegetais por mais tempo. Por exemplo, em alguns lugares se mergulha o aipo em formol para preservá-lo.

Vegetais orgânicos, pelo contrário, são cultivados manualmente em comunidades que desenvolvem uma agricultura ecológica sustentável, promovendo nossa saúde e restaurando a fertilidade do solo. A diferença qualitativa vale a diferença de preço.

VARIAÇÕES NO CONTEÚDO DE MINERAIS NOS VEGETAIS
Firman E. Baer Report, Rutgers University

	Porcentagem do peso seco		Millequivelentes por 100 gramas peso seco				Resíduos minerais partes por milhão matéria seca				
	Total material mineral	Fósforo	Cálcio	Magnésio	Potássio	Sódio	Boron	Magnésio	Ferro	Cobre	Cobalto
FEIJÕES											
Orgânico	10,45	0,36	40,5	60,0	99,7	8,6	73	60	227	69,0	0,26
Não-orgânico	4,04	0,22	15,5	14,8	33,7	0,8	10	2	10	3,0	0,00
REPOLHO											
Orgânico	10,38	0,38	60,0	43,6	148,3	20,4	42	13	94	48,0	0,15
Não-orgânico	6,12	0,18	17,5	13,6	33,7	0,8	7	2	20	0,4	0,00
ALFACE											
Orgânico	24,48	0,43	71,0	49,3	176,5	12,2	37	169	516	60,0	0,19
Nao-orgânico	7,01	0,22	16,0	13,1	53,7	0,0	6	1	9	3,0	0,00

Escolhendo Vegetais para o seu Estado de Espírito

A maioria das pessoas pode sentir o efeito que os alimentos estimulantes têm sobre o estado de humor. Café faz com que você fique alerta, desperto, para logo em seguida levá-lo para baixo. Chocolate faz com que você se sinta amado, depois um pouco deprimido e querendo mais chocolate. Carne vermelha enche-o de segurança, mas ao mesmo tempo leva-o a um estado de letargia.

Diferente desses alimentos extremos, os quais tendem a exagerar o seu humor, os vegetais têm efeitos muito mais sutis no seu estado de espírito e na sua personalidade. Use-os para mudar gentilmente a sua energia na direção que você desejar.

SENTINDO-SE TENSO, COM RAIVA E SEM PODER FAZER NADA?

Coma vegetais crocantes e suculentos:

acelga
vagem
alfaces
pepino ou rabanete
couve-flor
aipo

Estes vegetais o ajudarão a relaxar, ficar com a energia mais leve e experimentar mais clareza. Prepare-os cozidos rapidamente ou crus em saladas.

ESTÁ SE SENTINDO SUPERSENSÍVEL OU EMOTIVO?

Coma mais vegetais cozidos... especialmente raízes, abóboras de casca dura e verduras:

nabo comprido
cenoura
nabo redondo
abóboras de casca dura
agrião
mostarda

Esses vegetais podem acalmá-lo e deixá-lo pronto para o trabalho, dando-lhe mais garra para enfrentar a vida e alimentando sua produtividade e criatividade.

Se você está sempre indo de um extremo ao outro... escolha vegetais apropriados para equilibrar a sua energia todos os dias.

Escolhendo Métodos de Cozinhar Para a Sua Saúde

Cada método de cozinhar pode ter um efeito específico sobre seu corpo, mente e estado de espírito.

Sua sensibilidade pode ajudá-lo a encontrar aquele que é mais saudável para você em cada estação.

Tudo o que você precisa fazer é se perguntar: "Como eu quero me sentir?"

Dê uma conferida no tempo, assim como no seu estado de espírito. Por exemplo, num dia escaldante de janeiro (tudo o que você quer é se refrescar um pouco), como você poderia preparar uma cenoura, para ajudá-lo a se sentir bem? Que tal um copo de suco de cenoura ou uma refrescante salada de cenoura?

Agora, imagine um dia bem frio no mês de julho (quando tudo que você quer é se aquecer um pouco, se sentir confortável e forte). Você gostaria de um suco de cenoura ou de uma salada tanto quanto no verão? Você se sentiria agradecido depois de comê-los? Ou será que preferiria comer as mesmas cenouras, mas bem cozidas numa sopa fumegante ou assadas numa torta bem saborosa?

Duas experiências interessantes

A "experiência" da página seguinte é supersimples, mas de resultados claros. Eu a uso em classe para ajudar os meus alunos a perceberem os efeitos de métodos diferentes de cozinhar. Você talvez queira tentá-los agora, se tiver os ingredientes à mão.

Nessa experiência, você preparà cenouras de duas maneiras bem distintas. Antes de começar, pergunte-se:

"Como eu quero me sentir? Leve? Calmo? Aquecido?" Então, perceba as sensações, sentimentos e pensamentos diferentes que você experimentará ao provar cada prato diferente. Cada percepção vai ajudá-lo a apurar seus métodos de cozinhar de acordo com as suas necessidades.

Experiência: Duas Maneiras de Cozinhar Cenouras

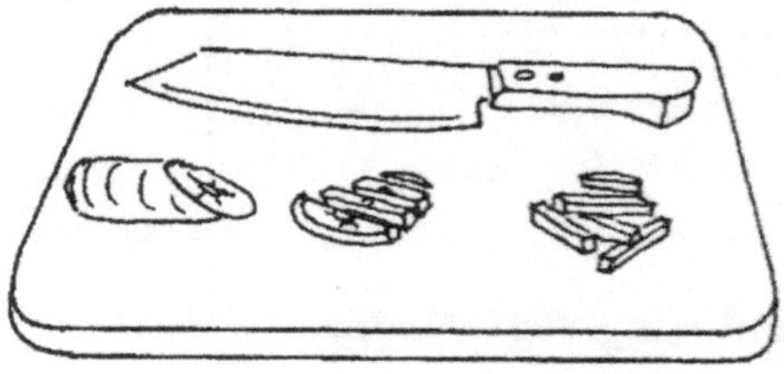

PREPARAÇÃO:

Escolha uma hora em que você pode relaxar e se concentrar na cozinha. Junte todos os ingredientes, como se você fosse um cientista se preparando para uma experiência ou um artista arrumando as ferramentas para um trabalho de arte. Selecione pratos especiais para servir a você mesmo. Então, alongue-se, respire e convide todos os sentidos para ficarem especialmente abertos enquanto você cozinha e experimenta.

Passo 1: Cenouras que Derretem na Boca

1 cenoura
1 batata baroa (cenoura amarela) ou nabo redondo
15 cm de alga kombu
água
shoyu

Coloque a alga kombu em 1 cm de água numa pequena frigideira com tampa. Deixe-a de molho até amaciar. Corte a cenoura em fatias diagonais. Coloque cada fatia cuidadosa- mente deitada numa tábua de legumes e corte-as em 3 a 4 palitos (veja a ilustração acima). Fatie a batata baroa ou nabo da mesma forma. Coloque as raízes em cima da alga. Leve ao fogo e deixe ferver. Tampe e deixe cozinhar em fogo brando por 25 minutos.

(Enquanto as cenouras cozinham, prepare a salada do *Passo 2*).

Depois de cozida, a água deve ter sido quase completamente absorvida. Remova a alga (ou, se preferir, corte-a de forma atrativa e coloque-a de volta na panela). Sirva-se de uma pequena quantidade e sente-se para degustar no *Passo 3.*

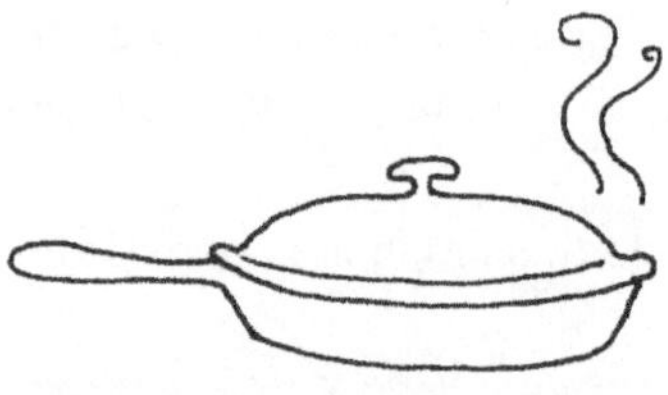

Refogue numa frigideira pequena, tampada.

Passo 2: Salada de Cenoura

Quanto mais fino você rala a cenoura, mais doce fica.

1 cenoura pequena
1 folha grande de alface americana
suco de limão
uma pitada de aneto

Pique a alface bem fininha com uma boa faca. Ajeite-a num belo prato. Rale a cenoura bem fina e coloque-a sobre a alface. Adicione o suco de limão e o aneto.
Deixe a salada descançar por alguns minutos enquanto você completa o *Passo 1*. Então, vá para a "Prova Sensorial"...

Passo 3: Prova Sensorial

Antes de provar...

Pare e sinta o cheiro. Perceba a beleza de cada prato. Respire!

Prove uma pequena porção. Deixe os sabores se espalharem pela língua.

Sinta a água na boca. Então, mastigue. Feche os olhos. Imagine uma paisagem onde essa comida seria mais saborosa para você. Descreva ou desenhe essa cena.

Repita essa "técnica sensorial de comer" com o segundo prato. Olhe, cheire e deixe sua boca encher d'água. Mastigue. Imagine o lugar que seria mais apropriado para esse alimento.

Então, vire a página para avaliar o que você aprendeu, no *Passo 4*.

Passo 4: Avaliação

1) Reveja sua experiência. Qual prato de cenoura o fez se sentir mais equilibrado? Converse com um amigo sobre o que você percebeu (ou escreva um poema no seu diário sobre cada prato!).

2) Qual foram os fatores mais importantes que fizeram com que um desses pratos o fizesse sentir melhor? (Numere de 1 a 9, do mais importante para o menos importante.)

   - como cortou os vegetais
   - seu humor
   - outros alimentos de acompanhamento
   - o tempo hoje
   - a arte de servir
   - o método de cozinhar (cozido lentamente X cru)
   - visualização
   - prova sensorial
   - outros

3) Qual prato foi mais expansivo? (Imagine e depois veja a tabela abaixo.)

Métodos de Cozinhar

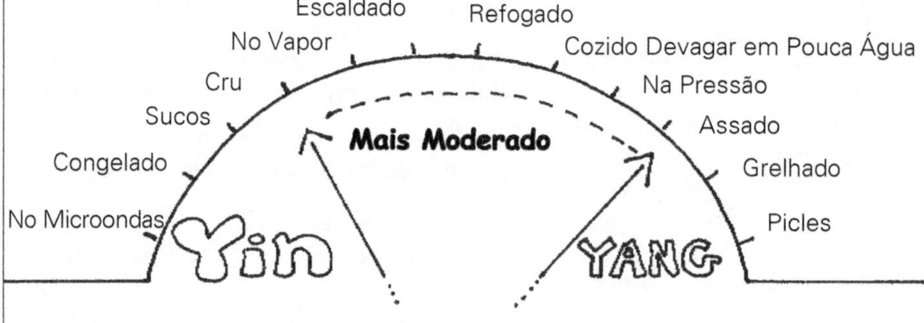

EXPANSIVO	BALANCEADO	CONTRATIVO
esfria fragmenta dispersa a energia	use esses mais freqüentemente para acalmar e estabilizar energia	aquece seca retém a energia

Estilos de Cozinhar no Verão e no Inverno

Estilo de Verão (Yin)

Quando o tempo estiver quente, use métodos de cozinhar mais expansivos para ajudar a tranqüilizar e relaxar.

- Cozinhe no vapor, escalde ou faça saladas
- Sirva frio ou na temperatura ambiente
- Coma mais alimentos leves – que crescem acima da terra
- Escolha verduras de folhas macias
- Use menos sal
- Dê um toque especial com vinagre, limão, gengibre fresco, salsinha ou outras ervas frescas

Estilo de Inverno (Yang)

Quando o tempo estiver frio, use métodos mais contrativos para conforto, aconchego e força.

- Cozinhe lentamente na pressão, asse ou refogue
- Sirva quente
- Coma alimentos mais consistentes – vegetais mais compactos e de raízes
- Escolha verduras mais duras
- Adicione um pouco de sal marinho, missô, shoyu ou conserva
- Dê um toque especial com cebolinha, algas, gengibre ou ervas secas

O Sabor da Saúde

Se você continuar a experimentar cenouras e outros vegetais com o mesmo espírito, aprenderá rapidinho a sentir as qualidades curativas de vegetais específicos e dos diferentes métodos de cozinhar.

À medida que isso acontecer, você precisará cada vez menos de informações de fora para lhe dizer de que seu corpo precisa. Muitas vezes, você saberá, mesmo antes de pôr um alimento na boca, como ele vai fazê-lo sentir.

Você vai ser capaz de perceber se precisa de alimentos crus ou bem cozidos, refeições mais leves, refrescantes e expansivas ou refeições mais substanciosas, quentes e contrativas para ficar mais equilibrado física e emocionalmente.

Conclusão

Você precisa de pizza, sorvete ou hambúrguer para balancear toda essa nova sensibilidade? Vá lá!

Simplesmente confie que as informações desse capítulo estão guardadas dentro de você, prontas para brotarem como plantas no jardim com o sol matinal.

Lembre-se sempre dos vegetais da estação, frescos, orgânicos e crescidos localmente. Verduras de folha, raízes e abóboras de casca dura são os melhores. Tomate e batata podem ser estressantes se você já está sob estresse. Diferentes métodos de cozinhar funcionam melhor em diferentes estações do ano....

Deixe que estas informações cresçam em você naturalmente, enquanto você experimenta algumas das minhas receitas favoritas para vegetais saborosos, pratos complementares e sopas.

Receitas:

VEGETAIS E SOPAS

MÉTODOS DE COZINHAR VEGETAIS

Vegetais de Verão

Verduras de Folhas Macias Escaldadas

Tiras Coloridas de Vegetais

Abobrinha Refogada à Brasileira

Salada Escaldada

Repolho que Dá Água na Boca

Vegetais de Inverno

Verduras de Folhas Mais Consistentes

Cozido de Inverno

Abóbora com Canela

Vegetais Doces Assados

Cenoura Refogada Fortificante

Invenções Amigas

Creme de Gergelim do Rich

Sopas

Caldo para Sopa

Sopa Facílima de Vegetais

Sopas Cremosas e Leves

Creme de Brócolis

Sopa Cremosa de Milho Verde

Sopa de Batata Baroa para São João

Sopas de Cereais: Para Aquecer

Sopa de Cevadinha com Cogumelo

Sopa Ensolarada de Trigo Sarraceno

Suculentas Sopas de Feijão

Sopa de Feijão Preto

Sopa de Azuki com Abóbora

Sopa de Lentilha com Macarrão

Sopa de Ervilha

Métodos de Cozinhar Vegetais

Para cozinhar vegetais no vapor ao mesmo tempo em que requenta o arroz de ontem, é importante ter um cuscuzeiro de aço inoxidável (procure pelo que pode ser encaixado em cima da panela de arroz).

Panela de ferro batido é ideal para deliciosas combinações de vegetais assados. Ela pode ser usada também para fazer cozidos.

Cozido no vapor

Quase todos os vegetais ficam saborosíssimos simplesmente cozidos no vapor. Use esse método todas as vezes que quiser provar um novo vegetal. Verduras levam de 5 a 10 minutos para cozinhar. Raízes e abóboras de 15 a 25 minutos, dependendo da grossura com que forem picadas.

"Refogado" na Água

Raízes e verduras juntas ficam mais saborosas quando cozidas dessa forma. Coloque 1 cm de água numa frigideira e deixe ferver. Adicione raízes cortadas bem fininhas, tampe e deixe cozinhar em fogo baixo por 5-8 minutos, só até ficarem macias. Então adicione verduras e deixe ferver por poucos minutos: assim elas ficam verdinhas – um contraste bonito com as cores das raízes. A água secará quase completamente, o sabor e a textura serão irresistíveis.

Assado

Abóboras de casca dura e raízes ficam superdoces quando assadas. Especialmente se forem cozidas numa panela tampada, junto com um pedacinho de alga kombu ou wakame. Coloque ½ cm de água numa panela, adicione os vegetais e leve ao fogo primeiro. Coloque um pouco de shoyu, cubra e leve ao forno quente por uma hora. Misture ou combine os vegetais abaixo:

salsão
cebola
nabo comprido
cenoura
raiz de aipo
abóbora (casca dura verde)
nabo redondo
batata baroa

Refogado no óleo

Para cozinhar vegetais de sabor rico, unte a sua frigideira favorita com óleo de gergelim (algumas gotas ou uma colherinha de chá para 2 xícaras de vegetais). Adicione vegetais picados no óleo quente e mexa-os por alguns minutos no fogo médio. Coloque ½ cm de água, tampe e deixe fervendo por 8-10 minutos em fogo baixo, até a água praticamente desaparecer e os vegetais ficarem bonitos e macios. Tempere com um pouco de shoyu. Para as cores ficarem brilhantes, enfeite com cebolinha verde picada fina.

Uma antiga caçarola de ferro batido proporciona um delicioso sabor ao refogado de vegetais.

Você Tem uma Boa Faca?

Uma faca bem amolada deve escorregar através de uma cenoura tão facilmente como se estivesse cortando manteiga... Que prazer!

Procure por uma faca japonesa de boa qualidade (veja ilustração). Aço inoxidável não enferruja, mas as facas de fio de carvão ficam amoladas por mais tempo. O tamanho de 28 cm é mais versátil.

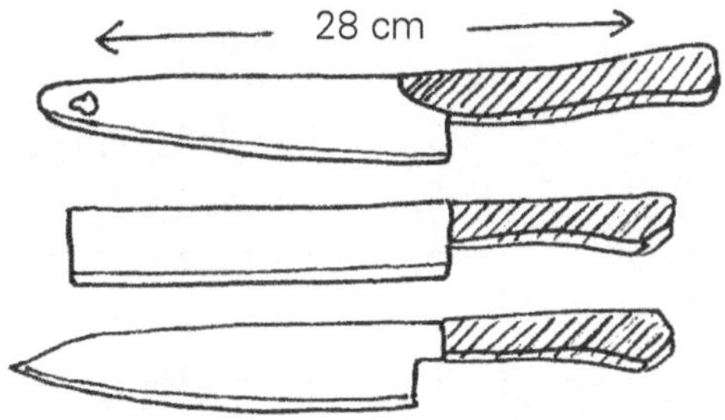

Faca japonesa para vegetais

Vegetais de Verão

Verduras de Folhas Macias Escaldadas

rúcula
agrião
folhas de mostarda
acelga
duas

Uma porção diária de uma dessas verduras, cozidas suavemente no vapor (3-5 minutos) lhe dará um rico suplemento de vitaminas e minerais, fibras e o mais importante... vida! (As primeiras ficam também deliciosas servidas cruas em saladas.)

Tiras Coloridas de Vegetais

1 c. chá de gengibre ralado
1 xícara de brócolis em pequenos pedaços
1 cenoura pequena ralada
1 mão cheia de ervilha em vagem
3-4 folhas de repolho ou acelga picadas em tiras
1 cebolinha verde, picada grande
1/4 – 1/3 xícara de água

Sensual e crocante – o segredo é cozinhá-los rapidamente! Numa frigideira, ferva a água, adicione os cabos do brócolis, a cenoura, a ervilha e o gengibre. Tampe-os e cozinhe-os por 3 minutos. Então, adicione as flores do brócolis, o repolho e a cebolinha. Cozinhe só até murcharem (mais ou menos 1 minuto). Sirva como prato complementar ou use num enrolado de panqueca com maionese de tofu (veja página 177).

Abobrinha Refogada à Brasileira

1 cebola, picada bem fina
2 abobrinhas amarelas
a½ molho de agrião
folhas de couve

Artisticamente cortado, esse prato complementar verde e amarelo fica superbonito. Pique abobrinha em diagonal. Corte os cabos do ou 2 agrião bem fininhos e as folhas em pedaços maiores. Ou corte a couve em retângulos pequenos e os cabos bem finos. Para refogar, ferva ½ cm de água, adicione a cebola e abobrinha, tampe e ferva em fogo baixo por 5 minutos. Então, adicione as folhas e ferva por minutos (assim elas ficarão verdes).

mais 5

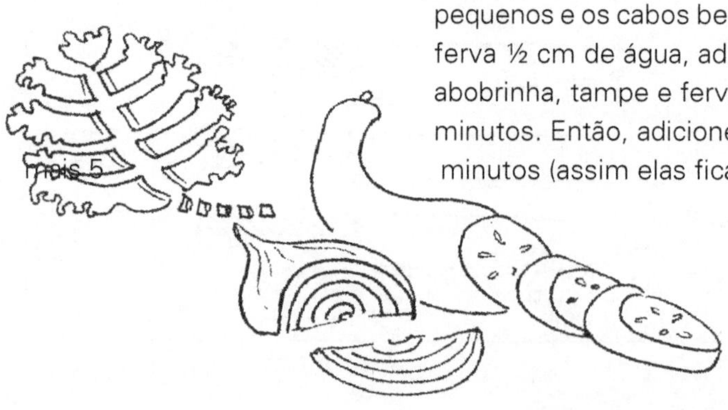

Salada Escaldada

ESCOLHA ENTRE:

brócolis
repolho
cenoura
salsão
acelga
nabo comprido
vagem
cebolinha
nabo redondo
rabanete
folhas de rabanete
lentilhas em vagem
agrião

Popular no Oriente, esta salada é refrescante e de fácil digestão. Escolha de três a cinco vegetais. Corte-os em pequenos pedaços atrativos. Ferva 4 xícaras de água e escalde cada vegetal separadamente até ficarem ligeiramente macios (2-3 minutos). Retire-os da água e deixe-os escorrer numa peneira. (Guarde a água, ela é ótima para sopas e molhos). Jogue os vegetais numa tigela e tempere com suco de limão ou vinagre de arroz e algumas gotas de shoyu.

PARA MAIS SALADAS E MOLHOS, veja páginas 112-113.

Repolho Que dá Água na Boca

1 xícara de repolho
1 cebola
1 milho verde (opcional)
1 ameixa umeboshe*

Doce/azedo e levamente salgado, esse é um prato saboroso na primavera ou no outono. (Adicione milho verde no verão.) Pique o repolho e a cebola bem fininhos, assim eles absorvem o sabor azedo da umeboshe. Amasse a ameixa e espalhe-a no fundo da frigideira. Adicione 1/3 x. de água. Quando ferver, adicione primeiro a cebola, depois o repolho e, por último, o milho. Tampe, abaixe o fogo e deixe fervendo até amaciar – mais ou menos 5 minutos. Mexa-os para misturar os sabores.

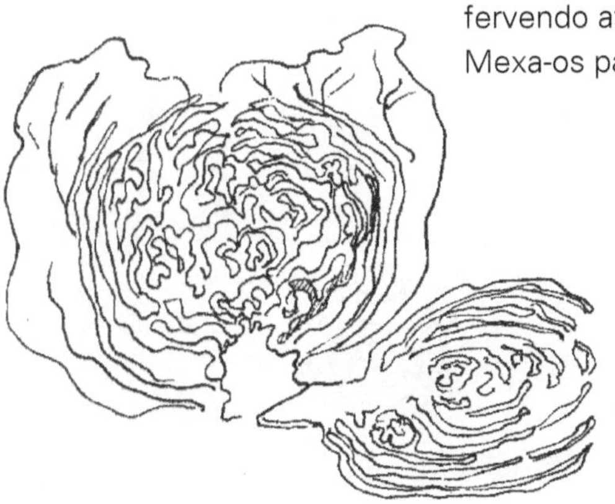

* Umeboshe é uma ameixa em conserva usada normalmente na cozinha oriental. Altamente alcalina, auxilia na digestão. O seu sabor azedo ajuda a desintoxicar o fígado (o qual fica estressado numa dieta rica em gorduras). Veja Alimentos que Curam (p. 203).

Vegetais de Inverno

Verduras de Folhas Mais Consistentes

folhas de nabo comprido
couve
almeirão
repolho

Coma uma porção diária dessas verduras substanciosas para um abundante suplemento de vitamina C, betacaroteno, ferro, cálcio e outros nutrientes essenciais. Cozinhe-os no vapor de 5-10 minutos, até ficarem macios.

Cozido de Inverno

4 xícaras de abóbora
2 talos de salsão
15 cm de alga wakame
1 cebola, cortada em 8
¾ de xícara de água
shoyu

Parta a abóbora ao meio e retire as sementes. Descasque-a. Pique-a em cubos de 3 cm. Coloque a água para ferver. Quebre ou corte a alga em pequenos pedaços. Coloque tudo numa panela funda. Ferva, tampe e deixe ferver em fogo brando por 20-30 minutos, até a abóbora ficar macia. Tempere com shoyu.

Abóbora com Canela

Abóbora ebisu (ou hokkaido)
canela
óleo de gergelim

Corte a abóbora ao meio e retire as sementes. Povilhe-a com canela. Com óleo de gergelim, unte uma panela que possa ir ao forno. Coloque a abóbora na panela com 1 cm de água. Leve ao fogo para ferver. Depois, tampe a panela e leve-a ao forno para assar por aproximadamente 45 minutos em alta temperatura.

Vegetais Doces Assados

cenouras
alho porró
batata baroa
cebola
alcachofra
alga wakame ou kombu

Combine e misture os vegetais em duetos, trios, ou quartetos. O sabor de todos esses vegetais doces combina muito bem. Com óleo de gergelim, unte uma panela que possa ir ao forno. Corte os vegetais em grandes pedaços ou fatias. Coloque-os numa panela com 1 cm de água. Leve ao fogo até ferver, então, tampe a panela e leve-a ao forno quente por aproxima-damente 45 minutos.

Cenoura Refogada Fortificante

1 cenoura, cortada em kimpira*
1 xícara de bardana**,
cortada em kimpira
(ou nabo redondo)
¼ c. chá de óleo de gergelim
shoyu

* Kimpira – um tipo de corte, também conhecido como "julienne", o qual consiste em picar os vegetais em tirinhas finíssimas.

**Bardana – uma comprida raiz de cor amarronzada e de forte sabor. Altamente mineralizada e conhecida em muitas tradições herbalistas como limpador do sangue. Comê-la regularmente aumenta a vitalidade. Ela pode ser encontrada em mercearias orientais, ou você mesmo pode plantá-la.

Esse tradicional prato japonês de acompanhamento (chamado Kimpira) pode aquecer todo o seu corpo no inverno, aumentar sua energia e melhorar a qualidade do seu sangue, beneficiando assim sua claridade mental!

Pique a cenoura e a bardana em fatias diagonais longas e finas. Corte cada fatia em palitos. Refogue a bardana rapidamente numa frigideira com pouco óleo, em fogo brando, mexendo sempre. Adicione a cenoura e 1 cm de água. Ferva, tampe e deixe cozinhar em fogo baixo por 20 minutos. Se precisar, adicione um pouco mais de água, mas deixe-a ser absorvida com- pletamente para melhor sabor. Coloque um pouco de shoyu e misture. Sirva pequenas porções.

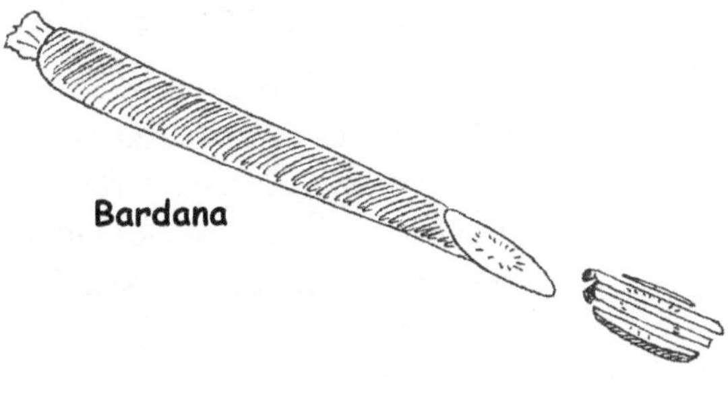

Invenções Amigas

Mandala de Vegetais

Escalde vegetais da estação só até ficarem ligeiramente macios. Arrume-os artisticamente sobre folhas de alface. Sirva com maionese de tofu (p. 165) ou vinagrete (p. 101)

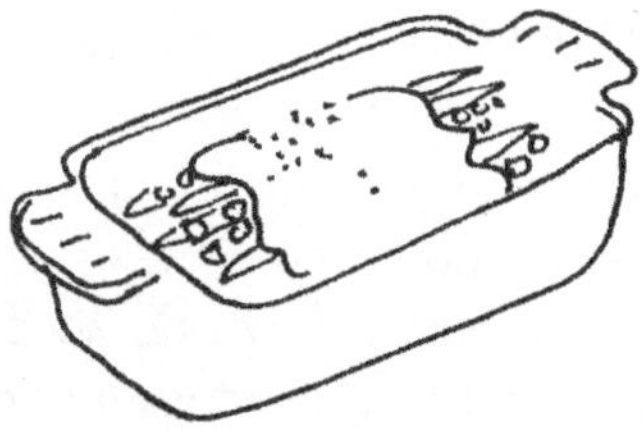

Cobertura Assada de Gergelim

Essa é popular com visitas...

É muito fácil inventar sua própria combinação de pratos à base de vegetais coloridos e saborosos. Comece com dois tipos de vegetais que parecem gostosos juntos e experimente. Por exemplo, quantos desses você já experimentou?

vagem e couve-flor
vagem e cebola
vagem e milho verde
vagem e salsinha
vagem e salsão
vagem e rabanete
vagem e pepino
vagem e cebolinha

Pegue a dupla que lhe parecer especialmente inventiva. Como você a cozinharia?

numa sopa?
no vapor?
refogada?
numa salada?
assada numa panela com macarrão?
frita com arroz?
cortada bem fininho
ou em pedaços maiores...

Aqui está uma receita diferente inventada pelo meu marido Rich.

Cobertura de Gergelim do Rich

Cozinhe 2 ou 3 tipos de vegetais no vapor. Coloque-os numa assadeira. Cubra-os com *Creme de Gergelim*, (veja p. 176). Coloque pão integral esfarelado em pedaços grandes sobre tudo. Leve ao forno até fazer bolhas. Esse prato é sempre saborosíssimo!

Sopas

Caldo para Sopa

Caldos para sopas feitas em casa dão um sabor rico e especial à sua sopa. Guarde as pontas e talos de todos os vegetais que você picar (folhas e pontas de salsão, salsinha, etc. Exclua repolho). Guarde-os na geladeira numa vasilha de tampa. Quando já tiver bastante, cozinhe-os com muita água em fogo brando de 20-30 minutos. Coe e guarde a água na geladeira para usá-la em sopas.

Sopa Facílima de Vegetais

Impressionantemente rápidas e saborosas, sopas podem ser feitas com apenas 2 ou 3 vegetais, água, caldo e um pouco de shoyu, missô ou ervas.

O truque? Primeiro, ferva a água ou caldo, assim os vegetias não ficarão aguados. Adicione os vegetais mais duros primeiro (raízes, abóboras, talos) e cozinhe-os até ficarem macios. Então, adicione os mais macios (folhas, salsão, couve-flor, brócolis). Cozinhe-os mais até ficarem crocantes ou macios. Tempere com salsinha ou cebolinha. Aqui estão algumas das minhas favoritas....

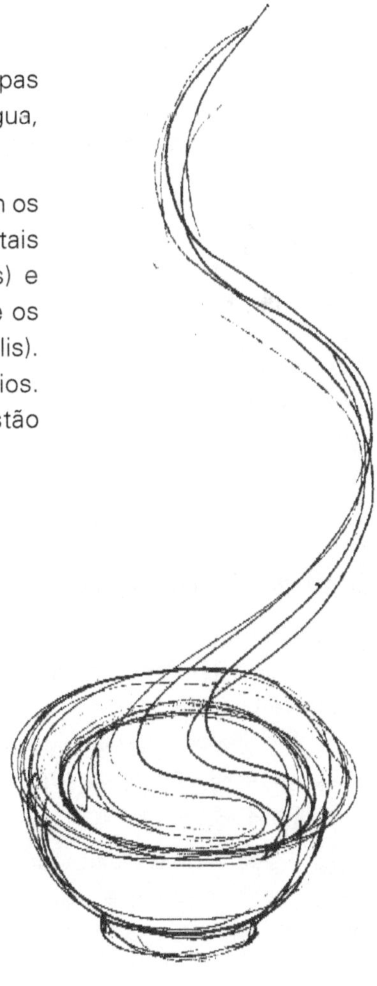

Combinações Deliciosas:

Abóbora e cebolinha verde
Abóbora, salsão e cebola
Abóbora, repolho e cebola
Alcachofra e couve
Alho porró e batata baroa
Brócolis e cebola
Cebola e cogumelos shiitake
Nabo comprido e suas folhas
Nabo redondo e suas folhas

Sopas Cremosas e Leves

Creme de Brócolis

5 xícaras de água ou caldo para sopa
1 ½ xícara de brócolis picado
1 cebola pequena fatiada fina
1 ½ xícara de arroz integral cozido ou resto de aveia cozida
missô (escolha um tipo mais claro)

VARIAÇÕES:
cogumelo e cebola
alho porró e cenoura
couve-flor e cebolinha

Ferva a água ou o caldo, então adicione os talos do brócolis e a cebola picados. Tampe e deixe ferver em fogo bem baixo por 10 minutos. Coloque 2 xícaras do caldo no liquidificador e bata com o arroz ou a aveia. Quando ficar bem cremoso leve de volta para a panela. Adicione as flores do brócolis e deixe ferver até ficarem macias. Tempere com missô.

Sopa Cremosa de Milho Verde

5 xícaras de água ou caldo para sopa
milho de 3 espigas
1 cebola fatiada fina
1 talo de salsão
¼ xícara de nabo comprido (opcional)
15 cm de alga kombu
misso (de preferência claro)
salsinha

Cozinhe os sabugos de milho com a alga por 10 minutos. Então retire o sabugo da água, adicione cebola, salsão e nabo. Tampe e cozinhe no fogo baixo por 10 minutos, acres- cente os grãos de milho e cozinhe por mais 10 min. Dissolva o missô e tempere a sopa com ele. Retire a alga. Para ter uma textura mais cremosa, bata metade da sopa no liquidificador, volte com o creme para a panela e sirva enfeitada com salsinha.

Sopa de Batata Baroa para São João

5 xícaras de água
4 xícaras de batata baroa cortada em grandes pedaços
1 xícara de brócolis picado
uma pitada de sal ou missô claro para temperar

(depois de bater no liquidificador acrescente mais água até a consistência desejada)

Minha sopa favorita para o jantar de São João... cheirosa e elegante. Ferva a água e cozinhe a batata baroa em fogo bem baixo por 15 minutos ou até ficarem macias. Bata no liquidificador até ficar cremosa, então leve de volta para a panela e adicione o brócolis. Deixe ferver por mais 15-20 minutos, até o brócolis ficar macio e os sabores se misturarem harmoniosamente. Tempere com sal ou missô.

Sopas de Cereais: Para Aquecer

Sopa de Cevadinha com Cogumelo

1 cebola fatiada fina
2 dentes de alho amassados
¼ c. chá óleo de gergelim
½ xícara de cevadinha
6-8 xícaras de água
 cm de alga kombu
2 cogumelos shiitake secos
1 cenoura fatiada
1 talo de salsão com folhas, picadas
1 folha de louro
½ c. chá de aneto (opcional)
1 xícara de repolho picadinho
2 c. sopa de missô

Variações:

Adicione milho verde no verão,
bardana no inverno,
agrião na primavera ou outono.

Essa sopa fica incrivelmente cremosa e saborosa quando preparada na véspera – mas se isso não for possível, pelo menos deixe a cevadinha de molho de um dia pro outro.

Unte a panela de sopa e refogue a cebola e o alho por alguns minutos. Adicione a água, a cevadinha, a alga e o cogumelo. Leve ao fogo e deixe ferver em fogo bem baixo por 45 minutos. Então, adicione a cenoura, o salsão, o louro e o aneto. Continue cozinhando no fogo baixo por mais 30 minutos, ou até a cevadinha ficar bem macia. Adicione repolho e cozinhe por mais 15 minutos. Desligue, misture o missô e sirva com salsinha para enfeitar.

Sopa Ensolarada de Trigo Sarraceno

1/3 xícara de trigo sarraceno
2 xícaras de repolho picado
2 xícaras de abóbora picada
1 cebola pequena picada
1 pedaço de alga wakame
4 xícaras de água
½ c. chá de sal marinho
salsinha para enfeitar

Trigo sarraceno, o qual cresce em clima frio, é bastante substancioso e quente. Experimente-o nessa sopa doce como café-da-manhã, ou como uma surpresa aconchegante e suculenta no jantar de um dia frio.

Toste o trigo sarraceno, mexendo-o numa frigideira em fogo baixo até ele se tornar marrom-ouro e cheirar tostado. Leve a água ao fogo para ferver com a cebola, a abóbora e a alga (cortada em pequenos pedaços). Adicione o trigo tostado e o repolho. Tampe e ferva em fogo baixo por 10 minutos, então adicione o sal. Sirva enfeitado com salsinha fresca.

Sopas Suculentas de Feijão

Sopa de Feijão Preto

1 xícara de feijão preto
4 xícaras de água
15 cm de alga kombu
2 xícaras de couve-flor picada
1 cenoura picada
1 c. chá de gengibre ralado
1 pitada de cumin (opcional)
1 cebolinha, picada
2-3 colheres de chá de shoyu

Variação:

Se você tiver, acrescente duas folhas de couve picada (adicione com a couve-flor).

Lave e coloque o feijão de molho por uma noite. Escorra a água e adicione água fresca. Coloque numa panela de pressão com a alga kombu e leve ao fogo. Quando pegar pressão, abaixe o fogo e deixe cozinhando por 1 hora. (Ou cozinhe numa panela normal por 2 ½ horas.) Tire a pressão, adicione a couve-flor, o gengibre, a cenoura e o cominho. Deixe ferver em fogo baixo por mais 20 minutos – até os vegetais ficarem macios. Misture a cebolinha, tempere com shoyu e deixe repousar até os sabores se misturarem. Agora, é só servir. Enfeite com cebolinha picada. É ainda mais saborosa no próximo dia.

Sopa de Azuki com Abóbora

½ xícara de feijão azuki
15 cm de alga kombu
4 xícaras de água
1 xícara de abóbora ebisu
½ c. chá de sal marinho
1 cebolinha, picada

Doce e suculenta, essa sopa é especialmente saudável para diabéticos ou qualquer pessoa que tenha forte desejo por doces.

Coloque o feijão, a alga e a água numa panela e leve a ferver. Tampe e deixe cozinhar em fogo baixo por 1 hora. Descasque e corte a abóbora, então acrescente-a ao feijão e deixe ferver por mais ½ hora ou até a abóbora ficar macia. Tempere com sal e adicione a cebolinha (guarde uma parte da cebolinha para colocar no prato).

Butternut

Kabocha

Sopa de Lentilha com Macarrão

1 xícara de lentilha
6 xícaras de água
1 pedaço de alga wakame
cortado em pequenos pedaços
1 cebola, fatiada
2 dentes de alho
1 cenoura fatiada em diagonal
1 batata baroa, fatiada em diagonal
1 xícara de couve ou agrião picado
2/3 xícara de macarrão integral
3 c. sopa de missô

Coloque numa panela de sopa a lentilha, a alga, a cebola, o alho e os legumes. Acrescente a água e leve ao fogo. Quando ferver, tampe e deixe cozinhando por 30 minutos. Adicione as verduras e o macarrão e deixe ferver por mais 20 minutos. Acrescente o missô antes de servir.

As crianças adoram essa sopa. Tente macarrão de letrinhas para uma sopa mais divertida.

Sopa de Ervilha

1 xícara de ervilha
1 pedaço de alga wakame ou kombu
1 cebola fatiada
1 dente de alho
1/8 xícara de bardana,
cortada fininha
1 cenoura ou batata baroa
1 talo de salsão, picado
½ c. sopa de tomilho e manjerona
2 c. sopa de missô (ou mais,
se precisar)

Lave a ervilha várias vezes, até a água ficar clara (isso faz com que a sopa provoque menos gases). Ferva e retire a espuma. Então adicione a alga, a bardana, a cebola e água até 2 cm acima do nível da ervilha. Tampe e deixe ferver em fogo baixo por 30 minutos. Adicione os outros vegetais e água para a consistência desejada. Ferva por mais 30 minutos. Dissolva o missô e acrescente imediatamente antes de servir.

Comprando Vegetais e Saúde

Agora um conselho... quando fizer compras, mantenha-se alerta. Alimentos frescos, orgânicos (que não foram processados, batidos, congelados, pulverizados com químicas, gases, tintas ou ceras!) têm uma luz especial de integridade. Têm uma qualidade mágica. Se você aprender a reconhecer *essa* magia, logo será capaz de reconhecer *tudo* na vida que é verdadeiramente nutritivo.

Se começar pela área dos vegetais, olhe, cheire e toque. Escute por aquela voz dentro de você a qual reconhece intuitivamente se o vegetal é fresco, se a fruta foi colhida verde ou se teve tempo para amadurecer.

Não seja apressado. Pegue os alimentos e se pergunte: "Será que ele vai me fazer mais forte? Este é o produto certo?" Com erros e acertos, você aprenderá a evitar a beleza exterior e escolher pela beleza da substância.

Se receber mensagens misturadas, tudo bem. A vida é mesmo complexa. Pare e avalie. Peça a opinião de um amigo. Um vegetal pode *parecer* bonito e fresco, no entanto recender a produtos químicos. Seu instinto talvez lhe diga que ele está cheio de água e sem sabor. Preste atenção a *todos* os seus sentidos, então escolha com espirito de aventura.

Se se enganar, tudo bem. Da próxima vez, a escolha será mais fácil, porque agora você teve tempo para sentir e avaliar.

Desenvolver um gosto por produtos frescos é uma arte delicada – no entanto essa é a arte mais importante que você deve aprender.

4 Caderno de Exercícios para a Autocura

Está precisando de umas férias da cozinha?

Esse capítulo de exercícios convida-o a praticar muitas técnicas antigas de autodiagnose, prevenção e cura.

Primeiro, dê uma olhada na situação como um todo, no GRANDE CENÁRIO, para ter uma visão holística dos fatores complexos que estão provocando determinados sintomas. (Macrobiótica significa, literalmente, "uma grande visão da vida"... *macro*: grande visão, *bio*: vida.)

Depois, estude *Como os Sintomos se Desenvolvem* numa visão da medicina oriental, e preencha a *Lista de Checagem Preventiva*. Com um novo entendimento de como seu corpo funciona, você estará muito mais alerta aos primeiros sinais de aviso que o ajudam a prevenir doenças mais sérias.

Então, relaxe com o *Exercício de Equilíbrio Interno* e olhe para a frente com *O Que Esperar*. Uma alimentação saudável pode catalisar mudanças no corpo e no espírito de maneira supreendente. E, claro, você talvez volte atrás também. Prepare-se para uma aventura!

Se, no entanto, você está impaciente, querendo soluções rápidas... talvez seja melhor saltar este capítulo e ir direto ao Capítulo 10. Lá você encontrará atalhos rápidos que o ajudarão a perder peso, nutrir as crianças, se recuperar de pequenas doenças e muito mais.

Quando estiver pronto para saber *por que* os atalhos funcionam (assim você pode compartilhar as boas notícias com familiares e amigos), então essa é a hora de voltar aqui e fazer o dever de casa.

O Grande Cenário:

Cada sintoma fala sobre uma história da sua vida.

Uma história fascinante, a qual pode revelar a ligação complexa entre seu corpo, mente, emoção e espírito.

Dieta, hábito de comer correndo, tensões familiares, exposição a vírus, estresse profissional, falta de diversão e de criatividade... Todos esses fatores inter-relacionados podem causar sintomas. E você tem o poder de mudar todos esses fatores.

Mas como decidir qual é o fator mais importante para ser mudado primeiro?

Por muitas décadas, a medicina tradicional do Ocidente tem priorizado encontrar soluções físicas para problemas físicos. Como resultado, temos dependido de drogas, radiações, cirurgias e outros métodos de ponta para ajudar-nos a combater e superar os mistérios da doença. Mas esses métodos estão longe de ser 100% eficazes.

Olhar a vida através do microscópio na verdade tem nos impedido de ver o Gande Cenário. O todo.

Pelo contrário, pioneiros no campo de medicina holística e saúde preventiva têm ajudado pacientes a verem o Grande Cenário. Aprendendo com a sabedoria de médicos indígenas, eles perguntam: "Como está sua vida?" no lugar de "Como está seu corpo?". Então eles escutam atentamente para descobrir qual é a chave do mistério escondido na sua estória que pode lhe trazer a saúde de volta.

Use os primeiros exercícios para ganhar uma nova perspectiva holística dos seus sintomas. Para compreender melhor, discuta com um amigo ou um profissional de saúde sobre como você tem se sentido. Especialmente, fique atento a surpresas. Finalmente, somos co-artistas da saúde uns dos outros. Podemos nos ajudar mutuamente a mudar o cenário...

O Grande Cenário

Marque as causas que estão, provavelmente, lhe causando os sintomas atuais.

Então, dê-lhes uma nota de 10 (mais importante) a 1 (menos importante).

NOTA	✓	
		cirurgias, doenças, ou machucados sérios
		fraqueza física hereditária
		hábitos alimentares do passado (gordura, doces, produtos químicos, sal, álcool, etc.)
		hábitos alimentares (comer apressadamente, farras, excessos, etc.)
		falta de exercícios físicos
		estresse emocional
		emoções contidas (raiva, tristeza, entusiasmo, etc.)
		estresse profissional
		baixa auto-estima
		falta de um relacionamento carinhoso que o apóie
		falta de diversão
		poucas válvulas de escape através da criatividade
		falta de sentido na vida
		poluição ambiental
		exposição a germes e vírus
		drogas e medicamentos
		velhice
		preocupações com o futuro do planeta
		CONSIDERE TAMBÉM:
		acontecimentos positivos recentes que podem ter lhe tirado o equilíbrio e contribuído para sintomas:
		romance, casamento, parto, promoção no trabalho, aposentadoria, sucesso repentino, novos exercícios físicos, melhora dos hábitos alimentares (causando a eliminação de antigas toxinas)
		outros:

PASSOS PRÁTICOS A SEREM TOMADOS PARA MUDAR O GRANDE CENÁRIO:

1. ________________________________
2. ________________________________
3. ________________________________

COMO PREVENIR SINTOMAS SÉRIOS

Na China antiga, médicos eram pagos para prevenir doenças.

Médico e paciente trabalhavam juntos, percebendo sinais ainda sutís de desarmonia no corpo, mente e espírito. A qualquer momento em que o "Grande Cenário" precisasse de algum reajustamento, as providências prescritas eram ervas, alimentos, exercícios, meditação ou orações, massagens e acupuntura.

A prevenção era tida em tão alta conta que, algumas vezes, se o paciente caísse doente, o médico não era pago! Veja Nei Ching *O Livro de Ouro da Medicina Chinesa*)

Hoje em dia, a maioria dos americanos concorda que hábitos alimentares, estresse e falta de exercícios contribuem para o desenvolvimento de doenças. No entanto, ainda carecemos de um entendimento sistemático do desenvolvi-mento dos sintomas, os quais podem nos preparar para tomar atitudes preventivas aos primeiros sinais de desequilíbrio no nosso corpo e estado de espírito.

O sistema a seguir, derivado da medicina tradicional chinesa, pode ajudá-lo a se treinar na antiga habilidade de auto-observação.

Estude, nas próximas páginas, *Como os Sintomas se Desenvolvem* e então use a *Lista de Checagem Preventiva* para ver o modelo que se repete na sua estória de saúde.

Quando compreender como os seus sintomas se desenvolveram no passado, será muito mais fácil reconhecer o próximo sinal de alerta e reajustar sua alimentação e estilo de vida para se prevenir contra doenças.

Quando compreendemos o que realmente está acontecendo, as mudanças se tornam mais possíveis.

Como os Sintomas se Desenvolvem

SINTOMAS DESENVOLVEM-SE EM ETAPAS
Etapa 1: Desequilíbrio Etapa 2: Acumulação e Eliminação Etapa 3: Problemas Sérios por Dentro

ETAPA 1: DESEQUILÍBRIO

Toda doença tem raíz no desequilíbrio. No entanto, é muito fácil fechar os olhos para os primeiros sinais. Fadiga moderada, incômodo no estômago, propensão a acidentes, excesso de doces na alimentação. Seu corpo está tentando lhe dizer alguma coisa... Excesso de gordura, falta de fibras... Trabalho em excesso, falta de diversão. Mas será que você está ouvindo?

Um corpo novo e em forma tem uma capacidade maravilhosa de corrigir pequenos desequilíbrios e se manter saudável. Se, por exemplo, você comer em excesso ou comer alimentos extremos, seu corpo pode eliminar o excesso de toxinas, tensão e energia por vias diferentes: urina, movimento dos intestinos, muco, suor, espirro, tosse, lágrimas, risadas, conversa, sexo, exercícios, sonhos, projetos criativos, etc.Todas essas coisas ajudam a restaurar o equilíbrio.

Sentindo-se fatigado ou propenso a acidentes? Excesso de gordura, doces, alimentos salgados ou estresse têm lhe tirado o equilíbrio... Para um relaxamento rápido tente o *Exercicio de Equilíbrio Interno* (p. 87). Ele o ajudará a encontrar a fonte dos problemas.

Mas se você continua comendo e vivendo nos extremos – sempre indo além dos seus limites e ignorando suas necessidades –, seu corpo irá gradualmente perder a capacidade de auto-regulação.

Os órgãos eliminadores ficam sobrecarregados e começam a funcionar devagar. Intestinos param. Artérias entopem. Sinus e pulmões congestionam. Emoções explodem e aumenta o estresse dos relacionamentos. Conseqüentemente, o sistema imunológico falha. Fique atento para os sintomas da *Etapa 2.*

ETAPA 2: ACUMULAÇÃO E ELIMINAÇÃO

Febre e sinusite constantes? Seu corpo deve estar tentando se livrar das toxinas acumuladas pelo excesso de comidas oleosas, doces, salgadas e/ou alimentos químicos. Para eliminar toxinas por melhores vias, veja *Guia para Gentil Limpeza do Cólon*, p. 201.

O que acontece se você ignora os sinais de alerta dados pelo seu desequilíbrio? Gordura, muco, toxina e tensão podem se acumular dentro de você. Esse acúmulo impede o bom funcionamento dos órgãos e pode aumentar sua suscetibilidade a doenças.

Desde que o corpo naturalmente procura por equilíbrio, ele talvez comece a descarregar os excessos de novas formas... através de febres altas, pele oleosa, odores no corpo, erupções na pele, gripes, resfriados, diarréias, explosões emocionais, etc. Outros sintomas comuns como constipação intestinal, hipertensão ou dores crônicas podem indicar que a acumulação ainda não encontrou uma porta de saída.

No entanto, se o seu corpo é bastante forte, você talvez não fique doente durante a *Etapa 2*. Em vez disso, os sinais de congestionamento serão mais sutis... insônia, músculos e articulações tensos, acidentes irracionais, ressentimentos profundos ou medos, rígidas atitudes mentais.

TRABALHO DE LIMPEZA INTERNA

Você precisa de um alívio para os sintomas do Estágio 2? Uma das formas mais efetivas de retornar ao equilíbrio é simplificar sua dieta.

Coma mais alimentos integrais. Bastante fibra, pouca gordura e diga não aos produtos químicos. De uma forma gentil, mas poderosa, isso começará a trabalhar dentro de você, ajudando a:

- ✓ reduzir o colesterol do sangue
- ✓ amenizar a pressão alta
- ✓ melhorar a qualidade do sangue
- ✓ descarregar excesso de gordura e muco
- ✓ regular os intestinos
- ✓ aliviar tensões
- ✓ estabilizar o humor

Para alimentos que podem limpar e reconstituir seus órgãos internos, veja *Guia Prático*, p. 196-8.

Lista de Checagem Preventiva

Marque com um ✓ os sintomas corriqueiros
Marque com ✓✓ os sintomas crônicos ou recorrentes

✓ ETAPA 1

	SINAIS DE DESEQUILÍBRIO
	fadiga
	tensão nervosa
	dor de cabeça moderada
	excesso de comida
	indigestão
	pequenas dores
	músculos tensos
	pouca energia sexual
	corpo frio ou quente
	tosses ou espirros ocasionais
	coceira
	esquecimento, confusão
	desânimo, falta de interesse
	depressão moderada
	irritabilidade, frustração
	excesso de energia, inquietação
	incapacidade de relaxar
	desconfortável ganho de peso

✓ ETAPA 2

	SINAIS DE ACÚMULO E ELIMINAÇÃO
	mau hálito
	mau cheiro no corpo
	sinus congestionados
	tosse ou espirros constantes
	pele seca ou oleosa
	insônia
	gases e arrotos
	constipação intestinal
	diarréia
	corrimento vaginal
	infecções constantes
	tensão menstrual, cólicas
	calor ou transpiração
	alergias
	erupções na pele (espinhas, verrugas, etc.)
	dor de cabeça constante
	urina constante e clara
	urina infrequente e escura
	mãos e pés molhados
	febre
	resfriado ou gripe
	hipoglicemia
	excessos
	vômito
	mudanças de humor, explosões emocionais
	atitudes mentais rígidas
	propensão a acidentes sérios
	depressão profunda
	ressentimento ou medo
	dores crônicas nas costas
	coluna, juntas, músculos doloridos ou tensos
	alta pressão sangüinea
	colesterol alto
	obesidade

A prevenção começa com a descoberta dos padrões na sua história de saúde.

Se você apenas chega aos sintomas da *Etapa 1*, você está impressionantemente bem com a vida nesse planeta poluído. Mas se você freqüentemente chega aos sintomas da *Etapa 2*, já é hora de agir e prevenir-se contra o desenvolvimento dos sintomas mais sérios da *Etapa 3*.

ETAPA 3: PROBLEMAS PROFUNDOS

O que acontece se ignoramos os desequilíbrios diários? E se deixarmos as toxinas acumularem por anos?

Nosso sangue engrossa. Nossos órgãos tra- balham sob pressão. Conseqüentemente (a menos que tenhamos nascido com uma constituição extremamente forte), alguma coisa arrebenta dentro de nós.

Os sintomas do Estágio 3 variam largamente... de cataratas e herpes a diabetes, problemas cardíacos e câncer. Mas por baixo das diferenças, temos um grande problema em comum. Através dos abusos, nossos corpos perdem a habilidade natural de corrigir desequilíbrios e resistir a doenças. Nós temos de ajudá-lo já.

Comida, claro, é um bom ponto de partida. Uma dieta bem planejada pode ajudar a eliminar acúmulos, reconstituir o sangue e tonificar os órgãos internos. Veja um orientador macrobiótico e tome aulas de culinária para aprender quais são os alimentos mais apropriados para sua condição particular. Para inspiração, leia *Recalled By Life*, por dr. Anthony Satillaro. Ele conta a história da sua recuperação de câncer com uma dieta macrobiótica.

No entanto, o poder sutil dos alimentos rara- mente é o bastante para reverter problemas sérios dos órgãos e nervos ou neutralizar o efeito de químicas ou drogas fortes. Consulte profissionais de saúde qualificados e olhem juntos o seu "Grande Cenário". Muitos fatores interconectados afetam a sua saúde todos os dias. Todos eles são importantes.

O exercício a seguir pode ajudá-lo a descobrir, a cada dia, quais fatores devem ser priorizados na mudança.

Relaxe e realmente escute os seus problemas. Nada mais acalma um problema do que quando alguém apenas escuta com atenção e responde com carinho.

ETAPA 3:
SINAIS COMUNS DE PROBLEMAS:

problemas digestivos crônicos
enxaqueca
infecções persistentes
dores debilitantes
catarata
surdez
perda de memória
insônia
desordens alimentares
artrites
apendicite
diabetes
herpes
osteoporose
infertilidade
impotência, frigidez
histeria
síndrome maníaco-depressiva
paralisia
pedra nos rins ou bexiga
câncer
doenças cardíacas
outras doenças degenerativas

O Exercício de Equilíbrio Interno

Algumas vezes, apenas uma pequena
mudança
no seu ritmo diário
pode fazer uma grande diferença
em como você se sente...

Nos próximos dias,
planeje parar e
fazer esse exercício
exatamente no momento
em que você normalmente se sente mais
apressado, fatigado ou fora de controle.

Tire 15 minutos
para olhar dentro de você
e descobrir seu ponto de desequilíbrio.
Seu centro.
Toda cura flui
a partir desse ponto.

Primeiro, sinta-se confortável. Sente-se ou deite-se e feche seus olhos. Deixe cada respiração relaxar seu corpo e sua mente. Relaxe profundamente. A cada expiração, solte-se mais... Conte de trás para frente, devagar, de 5 a 1. Expire as tensões. Inspire energia. 5... 4... 3... 2... 1.

Agora, reveja mentalmente seu dia.

Pergunte-se: Quando comecei a me sentir fora de equilíbrio? Quais foram os sinais? Deixe seu corpo lembrar. Espere... Então, pergunte por quê. O que causou o desequilíbrio? (Excesso de cafeína? Fome de amor? Muito tempo trabalhando sem descanso?) Deixe as respostas chegarem gentilmente, de dentro. Confie que você sabe a causa real.

Agora, pergunte: Como posso restaurar meu equilíbrio? Que pequena mudança posso fazer? De novo, espere... Confie na sua sabedoria interna para guiá-lo em direção à decisão que será energizante e até surpreendente. Então conte de novo de 1 a 5. Respire. 1... 2... 3... 4... 5. Abra seus olhos e abrace você mesmo. Você merece esse tipo de atenção gentil, todos os dias.

O Que Esperar

Novo equilíbrio do estado de espírito

Seus hábitos alimentares estão determinando seu humor muito mais do que você gostaria de admitir.

Mas a partir do momento em que você decidir comer para melhorar sua saúde, mesmo 3 meses de experiência com uma dieta integral podem lhe mostrar claramente a conexão entre alimentos e humor diário.

Com o autoconhecimento adquirido, você aprenderá a usar os alimentos para se livrar dos vícios emocionais, dar uma nova forma a sua personalidade e se tornar muito mais a pessoa que você honestamente quer ser.

Veja como isso funciona. Quando começar a diminuir alimentos altamente estressantes (veja p. 50), seu corpo e estado de espírito terão a chance de restaurar gradualmente sua habilidade natural de auto-regulação. Enquanto seu corpo perde gorduras, estabiliza o nível de açúcar do sangue e alivia tensões crônicas, espere suas emoções passarem por mudanças também.

Você talvez experimente momentos – ou mesmo dias inteiros – de calma, paz e focalização. Mas também espere por surpresas enquanto seu humor e personalidade procuram por um novo equilíbrio. De vez em quando, você talvez sinta que sua antiga maneira de ser está virando de cabeça para baixo... ("Mocinha Tímida, conheça a Senhora Corajosa!"). Veja a tabela abaixo e descubra que mudanças você pode esperar à medida que começar a comer mais alimentos curadores:

As Novas Mudanças de Estado de Espírito

SE COSTUMAVA SER:	TALVEZ SE TRANSFORME EM:
tímido e envergonhado	corajoso e audacioso
sempre alegre e prestativo	sério e introspectivo
compulsivo e inquieto	sonhador, curtindo ficar de papo para o ar
no espaço, confuso	decidido, autoritário
sempre pensando e preocupado	apaixonado, aterrado, sensível
irritado, tenso	sem medo e aventureiro

Intrigado? Comece hoje mesmo o seu diário:"Alimentação/Estado de Espírito". Essa é a maneira mais eficiente de aprender mais sobre as ligações entre o que você come e as suas emoções. Quando se sentir bravo e corajoso, compartilhe o que escreveu com um amigo. Mudanças curativas acontecem mais tranqüilamente quando você não está tentando fazê-las sozinho.

Começando um Diário de Alimentação/Estado de Espírito

Ache um caderno que o inspire a escrever. Abra-o. Então, respire fundo e relaxe. Esse é o seu espaço. Assim que começar a respon-der as próximas questões, sinta-se livre para rabiscar, fazer listas, colorir, escrever poemas, contar segredos. Essa é a melhor forma para aprender sobre comida e humor.

1. Como me sinto durante o dia? — Descreva seus humores típicos. Como se sente ao acordar? E no meio da manhã? E quando vai para a cama?

2. Como tenho comido? — Por 3 dias, descreva tudo o que come e bebe. Esteja seguro e leia rótulos (para açúcar, sal, aditivos, etc.). Perceba se tem comido mais alimentos processados ou cozidos recentemente. Você come tranqüilamente ou está sempre correndo?

3. Como quero ser? — Descreva seu humor num dia típico daqui a cinco anos. Qual é o seu sonho? Como se sente?

4. Como a comida afeta a mim e a meus sonhos? — Escreva ou desenhe seu sentimento uma hora depois da refeição. Quais alimentos o fazem sentir mais vivo, mais perto dos seus sonhos? Quais alimentos/refeições o deixam se sentindo estúpido, agitado ou inquieto?

5. Como estou disposto a mudar? — Comece com pequenos passos. Seja gentil com você mesmo. Faça um plano de ação. Converse com um amigo. Veja p. 135 para idéias em *Escolhendo Refeições Para o Seu Humor.*

Benefícios Potenciais

colesterol mais baixo
melhora a pressão sangüínea
menos desespero por açúcar
aumento de energia
menos reações alérgicas
mais imunidade a
gripes e resfriados
alívio de infecções crônicas
perda do excesso de peso
menos gases
eliminação de fezes mais regular
menos dores corporais
mais disposição ao acordar
menos sonolência
menos odor corporal
menos mau hálito
pele mais macia
mais brilho no cabelo
mais claridade mental
mais conexão com
os ciclos da natureza

UM NOVO EQUILÍBRIO PARA O SEU CORPO

Equilíbrio é um processo dinâmico, nunca estático.

Dentro de seis meses a um ano após ter começado uma Dieta de Autocura (veja p. 18), você pode esperar que o seu corpo se autotransforme de maneiras bastante sutis. Fique atento aos sinais de progressos (confira lista ao lado).

Você pode esperar muitos desses benefícios, mas não todos. Porque o seu "Grande Cenário" é único. Uma alimentação mais integral afetará seu corpo, sua mente e seu espírito de uma forma completamente diferente, como você nunca vivenciou antes.

Saiba que muitos dos sintomas do Estágio 3 respondem rapidamente a dietas, mas com alguns sintomas o pro- gresso pode ser lento. Especialmente quando fatores complexos, como estresse em relacionamentos, objetivo de vida, quimioterapia e/ou mau funcionamento de órgãos e avaria nos nervos estão contribuindo para a criação dos sintomas.

Curar, no entanto, é muito mais do que aliviar sintomas. É a coragem de persistir contra a probabilidade. A sabedoria de acreditar no seu próprio ritmo. O desejo de se levantar e dançar com os desafios da Mãe Natureza.

Todas essas qualidades edificadoras do seu caráter também podem ser criadas pelo calmo poder dos alimentos integrais. Mas talvez você precise de um amigo para ajudá-lo a ver essas qualidades dentro de você... não se envergonhe de pedir!

Caso não encontre nenhum amigo à disposição e precise de encorajamento, tente isso: coloque uma panela de sopa no fogo e pegue um livro que lhe dê palavras de ânimo e alegria. Leia-o. Espere se sentir melhor sobre você mesmo, a cura irá fluir.

Aprendendo com Experiências

Claro, você será testado. Na tentativa de se equilibrar, o progresso da cura é geralmente seguido de recaídas (também conhecidas como experiências de aprendizagem!).

Ser superindulgente com suas guloseimas favoritas talvez o leve a sintomas recorrentes... um grande incentivo para a moderação (veja a lista ao lado).

Mas o que não parece justo é que, algumas vezes, até mesmo hábitos saudáveis de alimentação podem causar sintomas. Veja por quê.

Alimentos integrais encorajam as células do seu corpo a se limparem e liberarem toxinas acu-muladas no sangue. Se a mudança na sua ali-mentação for muito rápida, talvez seus órgãos eliminatórios não sejam fortes o bastante para eliminar essas toxinas rapidamente. Então, o corpo tenta expelir as toxinas através dos sintomas listados ao lado.

Normalmente, essas descargas curativas duram pouco tempo. Mas, ocasionalmente, problemas mais sérios como cistos gordurosos ou pedras nos rins podem ser catalizados com as mudanças alimentares.

Recaídas Possíveis

fadiga
congestão nasal
odores do corpo
mau hálito
excesso de transpiração
erupção na pele
dores no corpo
dor de cabeça
náusea
tosse e espiros
febre
constipação ou diarréia
urinação freqûente
corrimento vaginal
atraso na menstruação
explosões emocionais
depressão
hipersensibilidade

Para Diminuir o Desconforto e Aumentar a Aprendizagem Quando Pequenas Recaídas Acontecem:

1. *Expanda-se.* Continue a procurar e experimentar alimentos de cura. Veja Guia Prático (p. 186-188) e O Glossário de Alimentos Curativos (p. 207), para aprender sobre alimentos úteis e remédios caseiros.

2. *Respeite seus Limites.* Comida não pode curar tudo. Se os sintomas não melhoram e você tem se alimentado com disciplina, confie em seus instintos. Não há nenhum problema em ampliar suas escolhas de alimentos e/ou focalizar por um tempo outros aspectos do seu "Grande Cenário" (melhore a comunicação com a família, alivie o estresse no trablalho, etc.).

também...

3. *Saiba Quando Pedir Ajuda*: Escute seus instintos. Você é a única pessoa que sabe quando sua família, amigos, médico, conselheiro alimentar ou outros profissionais de saúde podem lhe oferecer cuidados, conforto e conselhos, ou o tratamento de que você precisa para se recobrar das recaídas mais rapidamente. Peça ajuda, não hesite. (Se não souber a quem recorrer... veja *Um Amigo Curador* na página ao lado.)

Concluindo

Um bom cozinheiro vê como os sintomas se desenvolvem observando o Grande Cenário, então tempera livremente com prevenção.

E cozinheiros ainda melhores servem alimentos integrais com um saudável senso de humor... sabiamente antecipando que uma dieta de autocura trará benefícios, mudanças no corpo e no espírito e ainda a desafiantes experiências de aprendizagem.

O melhor dos cozinheiros sabe que estamos todos juntos nessa confusão. Precisamos nos ajudar mutuamente a encontrar o que é mais nutritivo e saudável, não apenas para nossas necessidades pessoais, mas também para o planeta.

Esse capítulo de exercícios é um humilde primeiro passo em direção a um manual de treinamento para esses "chefes" planetários.

Se estiver trabalhando muito duro e usando isso para transformar sua definição de saúde, vire a próxima página e se recompense com uma generosa porção dos deliciosos Waffles de Gergelim.

Um Amigo Curador

Finalmente, se você realmente quiser florescer com uma alimentação natural e integral, você precisará de amigos.

Se você ainda não tem um, use seu tempo para imaginá-lo agora mesmo. Veja-se descendo uma trilha numa floresta, chegando num pitoresco e aconchegante chalé. Na porta de entrada está aquela pessoa especial convidando-o a entrar. Aquele espírito semelhante ao seu que:

COMPREENDE	Diz "É, eu sei o que é isso!", enquanto lhe serve um chá.
AFIRMA	Vê suas particularidades. Reflete a sua força. Desafia-o com amor, humor e honestidade a viver os seus sonhos.
COZINHA	Com você e para você. Até aprecia sua comida! Ahhhh, isso é que é um amigo.
DIVERTE-SE	Descobre humor, música, dança e magia escondidos nos seus problemas.
ESPERA O INESPERADO	Nunca o conhece completamente. Delicia-se com suas surpresas.
CONFIA NOS CICLOS DA NATUREZA	Aceita os bons e os maus momentos. Ajuda e pede por ajuda também.
AJUDA A PLANEJAR	Provoca reflexões e novas idéias. Encoraja-o a formular o próximo passo. Então, dá o primeiro passo com você.

Escreva no seu diário uma carta ao seu amigo imaginário. Torne-se esse amigo para as pessoas que conhecer. Sem demora, mais de um amigo entrará na sua vida... juntando-se a você nessa nova maneira saudável de suprir melhor as necessidades de crescimento do planeta.

Waffles de Gergelim

A Massa:

1 ½ xícaras de aveia em flocos
1 ½ xícara de fubá fino
¼ xícara de gergelim tostado
¼ xícara de painço ou arroz cozido
¼ c. chá de sal marinho
2 xícaras de água (aproximadamente)
1 c. sopa de óleo de gergelim

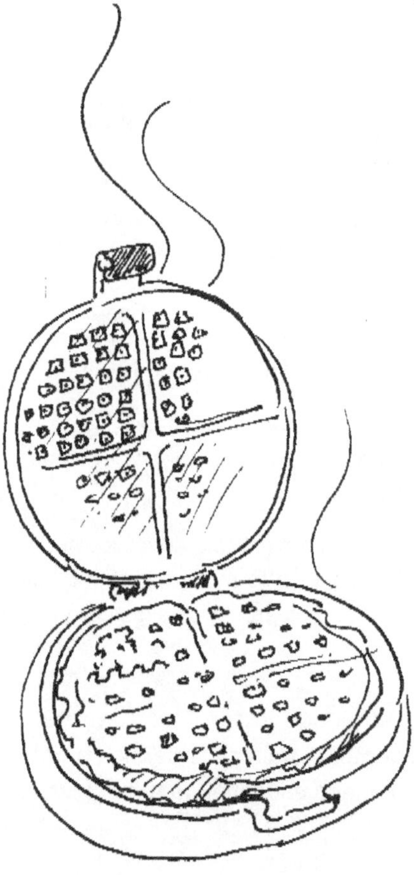

Toste a aveia e o fubá juntos numa frigideira grossa em fogo médio, mexendo sempre até sentir o cheirinho de tostado, antes de ficar marrom. Bata as sementes de gergelim no liquidificador até obter um pó fino. Adicione os outros ingredientes e bata tudo de novo até ter um creme homogênio. Coloque-o para assar numa chapa de ferro untada e bem quente (existem chapas apropriadas para waffles). Espere pelo cheiro característico desses waffles divinos.

e Cobertura de Maçã

1 xícara de suco de maçã (não adoçado)
1/3 xícara de água
1 c. sopa de araruta bem cheia
½ xícara de passas
morangos frescos (opcional)

Esquente o suco. Dissolva a araruta em água fria e adicione-a gradualmente ao suco quente, mexendo sempre para não encaroçar. Coloque as passas e as frutas opcionais. Deixe no fogo por mais alguns segundos. Se estiver muito grosso, coloque um pouco mais de suco.

É absolutamente delicioso servido quente.

5 Refeições Rápidas e Lanches

Todos nós comemos apressados de vez em quando. Mas nossa saúde pode ir por água abaixo se comemos alimentos gordurosos, processados e bobagens em excesso.

Esse capítulo está repleto de receitas simples e divertidas para ajudá-lo a sobreviver nesses dias de correria. Cafés-da-manhã rápidos, saladas que satisfazem e panelas de sopa que valem por uma refeição completa (sopa de macarrão soba é minha refeição favorita das seis horas da tarde!).

Você encontrará receitas de pratos principais que serão aquele elo que faltava nas reuniões com familiares e amigos... como Peixe Assado com Gengibre, Tofu Mexido e Vegetais Chineses de Luxuosos.

E ainda... guloseimas para espalhar no pão ou torrada, doces delícias para lambiscar de vez em quando e surpresas que satisfazem aquele irresistível desejo de mastigar. Este provavelmente será o capítulo que você visitará com mais freqüência, hummm?

Quando estou com pouco tempo, recorro a restos de arroz, feijão e a vegetais cozidos no vapor (nem é preciso pensar!). No entanto, aprecio mais minhas refeições se posso relaxar e cuidadosamente temperar uma sopa, um patê ou um molho para salada (veja *Como Inventar Patês, Molhos e Cremes,* na p. 121).

Está se sentindo tão cansado que não pode cozinhar nada extra? Não tente. No lugar disso reflita sobre as dicas de *Economizando Tempo* que se seguem e organize-se. Existe um olho calmo no centro dos furacões. Encontre-o e o tempo o alimentará.

Economizando Tempo

1. Cozinhe bastante (o suficiente para amanhã também)
2. Congele uma parte para emergências
3. Estoque alguns alimentos naturais fáceis e rápidos
4. Lave os vegetais antes de guardá-los
5. Prepare suas guloseimas com antecedência
6. Economize trabalho organizando sua cozinha

Dicas para Economizar Tempo

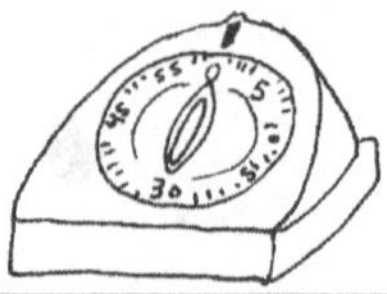

Cozinhe Bastante

Cozinhe bastante cereais e feijões para 2 ou 3 dias. Sobras podem ser transformadas em deliciosas sopas cremosas, refogados, patês, recheios ou até um saboroso pudim de arroz.

Congele

Refeições preparadas com antecedência e guardadas em porções individuais são uma ajuda fantástica em emergências (têm, no entanto, menos energia vital e vitaminas). Arroz integral fica muito mole depois de congelado, mas diversos outros alimentos congelam muito bem, incluindo:

- ✓ feijões e sopas grossas
- ✓ tempê
- ✓ mochi (ou chapate de arroz)
- ✓ peixe
- ✓ pães, chapates de farinha integral, bolos.

Estoque

Confira nas lojas de produtos naturais quais são os alimentos rápidos disponíveis... Sopa de missô em pacotinhos, tofu congelado, conservas, hambúrgueres vegetais congelados, crackers e bolachas sem adição de açúcar etc. Mas mantenha alimentos menos expansivos à mão também:

- ✓ macarrão soba
- ✓ macarrões integrais
- ✓ trigo de quibe
- ✓ trigo sarraceno
- ✓ repolho, cebola, cenoura e outras raízes
- ✓ rmaçãs, passas, nozes e outras sementes

Lave os vegetais

Tire um tempo para lavar, secar e guardar os vegetais assim que chegar antes de guardá-los em casa com as compras. É um grande alívio encontrá-los limpos e prontos para serem cozidos quando está com pressa.

Prepare guloseimas com antecedência

Prepare suas guloseimas favoritas com antecedência para ter refeições que o satisfaçam nos dias difíceis. Encontre tempo num final de semana ou à noite e seja legal com você mesmo cozinhando uma ou mais dessas coisas:

- ✓ pasta de feijão ou manteiga de cenoura
- ✓ maionese de tofu para saladas e sanduíches
- ✓ sopa substanciosa que dura alguns dias
- ✓ cookies ou purê de maçã
- ✓ salada escaldada (muito refrescante)
- ✓ salada de arroz, macarrão ou feijão

Economize Passos

Dê uma olhada em sua cozinha e pergunte-se: "Quais pequenos passos posso dar agora mesmo para tornar o ato de cozinhar mais prazeroso e eficiente?

- ✓ PENDURE AS PANELAS E UTENSÍLIOS FAVORITOS perto do fogão, onde ficarão mais fáceis de serem alcançados.

- ✓ MANTENHA UM ESCORREDOR PERTO DA PIA para escorrer macarrão, lavar arroz e feijão, etc.
- ✓ COLOQUE AS TAMPAS NUM ESCORREDOR EM CIMA DA GELADEIRA, no lugar de ter de ficar de joelhos procurando por tampas em gavetas loucas, cinco vezes ao dia.
- ✓ CONSTRUA UMA PRATELEIRA ABERTA para colocar tigelas de servir e jarras com cereais e feijões, um prático e acessível trabalho de arte.

Anote novas idéias assim que elas lhe vierem à cabeça. Cada passo inteligente ajuda a tornar a preparação dos alimentos mais rápida e eficiente.

Cafés-da-Manhã Rápidos, com Cereais

Arroz com Passas para Despertar

1/3 de xícara de passas
½ c. chá de canela
1 xícara de água
2 xícaras de arroz cozido
2 colheres de sopa de semente de
I c. sopa de sementes de girassol tostadas

Ferva a água com as passas e a canela. Coloque o arroz por cima, tampe e deixe fervendo em fogo baixo por 5 minutos. Mexa. (Para ter um cereal mais cremoso, misture o arroz com mais ½ xícara de água e bata no liquidificador, então ferva com as passas em fogo baixo por 15 minutos.) Coloque as sementes de girassol em cima para enfeitar.

Papa de Arroz ou Painço

2 xícaras de arroz ou painço (cozidos)
2/3 xícara de água
¼ de xícara de rabanete ou nabo
½ xícara de folha de agrião picada
missô para temperar ou gersal para enfeitar

Nabo no café-da-manhã? Cereais e vegetais empapados são muito comuns no café-da-manhã do Oriente... leve, suculento, mas com substância. Faça uma experiência, principalmente se você sofre de queda de energia no meio da manhã.

Pique o rabanete ou o nabo em pequenos pedaços. Pique a verdura. Ferva a água, adicione as raízes, tampe e cozinhe em fogo baixo por 5 minutos. Adicione o arroz ou o painço e cozinhe por mais 5 minutos. Tempere com missô ou enfeite com gersal.

Trigo de Quibe com Semente de Girassol

¾ xícara de trigo de quibe
1 ½ xícara de água fervendo
¼ xícara de semente de girassol tostada
1 pitada de sal

Prepare esse cereal "instantâneo" à noite, antes de ir para a cama – ele estará pronto para ser servido quando você acordar... (ótimo para viajantes). Ferva a água e coloque-a sobre o trigo e as sementes numa garrafa térmica, de boca larga, que seja boa para carregar em viagens. Vede a boca da garrafa para que a mistura se "cozinhe" durante a noite. Delicioso servido com um pouco de caldo de missô em cima.

Novas Opções para o Café-da-Manhã

Objetivos matinais	A antiga forma	Novas opções
Conforto	Manteiga Torrada de pão branco Enrolados doces Leite e creme Cereais açucarados	Tahini Torrada de pão integral Leite de amêndoa (receita abaixo) Chapatis de arroz ou farinha integral Granola sem açúcar ou flocos de milho
Ação	Ovos, queijos, bacon Salsichas Nada para comer Café	Tofu mexido Peixe refogado Fortificante refogado de cenoura Sopa de missô Banchá ou chá de arroz torrado Chá de habú tostado
Doçura	Iogurte Frutas cítricas Geléias Panquecas, waffles Suco de laranja	Frutas frescas locais Purê de maçã Geléia de maçã, manteiga de cenoura, creme de maçã (p. 94) Chás de ervas
Calma energia	o o o o o o o	Aveia ou cereais integrais Pães integrais sem fermento Sopa de missô Vegetais no vapor Creme de arroz ou painço Gersal, banchá ou chás de ervas

Leite de Amêndoa ou Semente de Girassol

¼ xícara de amêndoas ou 1/3 xícara de semente de girassol
1 xícara de água
1 maçã descascada e picada (opcional)

Para um leite sem lactose no seu cereal, bata as sementes de girassol ou as amêndoas no liquidificador. Então adicione a água e a maçã opcional e bata tudo até virar um leite cremoso. Introduza-o no café-da-manhã das crianças misturado ao leite, até se acostumarem com o sabor.

Saladas para o Almoço

Salada de Arroz com Sementes de Girassol

3 xícaras de arroz cozido
3 xícaras de água fervendo
10 vagens (de 3 cm)
1 ½ xícara de repolho (de 3 cm)
½ xícara de cenoura, picada pequena
1 cebola pequena, picada
3 colheres de sopa de salsinha picada
3 colheres de sopa de semente de girassol

Esse é um prato supercolorido! Ótimo para carregar para o almoço... É também popular em piqueniques.

Ferva rapidamente as vagens, a cenoura e a cebola juntas (2-3 minutos), para ficarem crocantes. Escorra-as e deixe-as esfriar. Jogue o repolho na água, fervendo por um minuto. Escorra-o e deixe-o esfriar. (Guarde a água para sopas.) Misture todos os vegetais e tempere com Vinagrete de Limão.

Salada de Macarrão

1 pacote de macarrão soba ou
1 ½ xícara de macarrão integral
½ maço de agrião picado
2 rabanetes picados finos
1 cebolinha verde picada fina
1 pepino descascado e fatiado

Ferva o macarrão até ficar macio, então, antes de escorrê-lo, adicione o agrião, o rabanete e a cebolinha. Escorra a água e lave tudo em água fria rapidamente. Misture o pepino e tempere tudo com Molho de Tofu e Salsinha, ou Molho de Tahine, ou, se preferir, Vinagrete de Limão.

Salada de Hortaliças Escaldadas

alface americana
flores de brócolis
flores de couve-flor
rabanete picado fino
cebolinha picada fina
brotos (opcional)

O contraste do frescor das folhas da alface com o crocante dos vegetais escaldados faz com que essa salada seja especialmente refrescante e de fácil digestão.Ferva 3 xícaras de água e acrescente a couve-flor e o brócolis, deixando-os cozinhar por 1-2 minutos. Macios, mas crocantes. Retire-os da água. Jogue o rabanete e a cebolinha na água fervente por alguns segundos. Retire-os da água e deixe-os esfriar. Arranje a alface num prato grande e coloque os vegetais em cima. Enfeite com brotos e sirva com um dos molhos da próxima página.

Molhos para Saladas

Tofu e Salsinha

150 gramas de tofu
1 dente de alho
1/3 x. de água
1 c. sopa de suco de limão
1 c. chá de óleo de gergelim
1 c. chá de missô
(ou 1/8 c. chá de sal marinho)
2 c. sopa de salsinha picada

Cozinhe o tofu e o alho no vapor por 3 minutos (não mais, senão ele não fica cremoso). Bata todos os ingredientes no liquificador até ficar homogêneo. Delicioso com brócolis cozido no vapor.

Gergelim e Umeboshe

¼ x. de sementes de gergelim descascada
1 c. chá de vinagre de arroz
1 ameixa umeboshi
¼ c. sopa de aneto
½ x. de água

Lave e escorra as sementes de gergelim. Então, toste-as, mexendo-as sempre numa frigideira grossa em fogo médio, até sentir o cheiro de tostada e ficar quebradiça. Bata as sementes no liquificador. Adicione os outros ingredientes e bata até obter uma mistura homogênea. Muito bom com Salada de Hortaliças Escaldadas.

Tahine Cremoso

3 c. sopa de tahine
1 c. sopa de suco de limão
2 c. sopa de missô
½ x. de água
¼ c. chá de manjericão
1 c. chá de azeite de oliva

Misture todos os ingredientes. Especialmente saboroso na Salada de Macarrão ou na Salada de Hortaliças Escaldadas (veja p. 81).

Vinagrete de Limão

¼ x. de suco de limão
2 c. chá de vinagre de arroz
2-3 c. chá de shoyu
2 c. chá de óleo de gergelim (opcional)
¼ x. de água
½ c. chá de manjerona
2 c. chá de salsinha picada fina
½ c. chá de mostarda natural (opcional)

Apenas misture e sirva.

Alimentos Versáteis de Soja

Tofu:

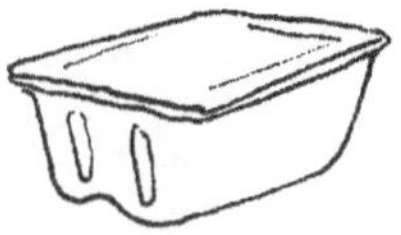

Um queijo macio e branco, feito de leite de soja. Sozinho é ameno, mas absorve temperos e pode substituir queijos e cremes azedos em caçarolas, molhos e patês. Precisa ser ligei-ramente cozido para ter uma digestão mais fácil. Pode ser guardado na geladeira por mais de uma semana se mergulhado em água com um pouquinho de sal e tampado, melhor ainda se trocar a água de vez em quando.

Tempê:

Com um leve travo, essa é uma forte pasta feita a partir da fermentação dos grãos da soja (mais saborosa e substan-ciosa do que o tofu). Rica em proteína e enzimas. Cozinhe-a pelo menos por 20 minutos. Refogue-a e use-a em sanduiches, refogados de legumes ou molhos de macarrão. Pode ser mantida na geladeira por mais de 2 semanas ou guarde-a no freezer.

Maionese de Tofu

250 gramas de tofu
½ x. de água
2 c. sopa de óleo de gergelim ou
  azeite de oliva
1 c. sopa de suco de limão
1 c. sopa de vinagre de arroz
1 c. sopa de missô (claro)
  (ou ¼ c. chá de sal marinho)
1 pitada de aneto (opcional)

Pique o tofu e cozinhe rapidamente no vapor por 3 minutos. Bata todos os ingredientes num liquificador até obter um creme homogêneo. (Pode ser mantido na geladeira por 2-3 dias – se necessário, bata de novo no liquificador).

Idéias para Menu:

✓ Misture com atum em lata para *Salada de Atum* ou sanduíches.
✓ Bata no liquificador com mais água, picles e cenoura ralada para fazer um molho de salada especial.
✓ Dê o nome de *Creme Azedo de Tofu* e sirva com panqueca mexicana de feijão (Burritos ou Tacos).
✓ Misture com macarrão cozido e vegetais feitos no vapor para um delicioso *Strogonof de Tofu.*
✓ Adicione mais cubos de tofu (cozidos no vapor), mostarda, picles picado e uma pitada de curry ou cominho para uma *Salada de Ovos e Tofu.*

Tofu Mexido

1 cenoura picada miudinha
1 talo se salsão picado miudinho
milho de 2 espigas (na estação)
1 dente de alho, amassado
250 gramas de tofu
1/3 xícara de água
cebolinha picada fina
um pouco de orégano
salsinha ou as ervas que preferir
shoyu para temperar

Coloque a cenoura, o salsão, o milho e o alho numa frigideira untada. Espalhe o tofu sobre os vegetais. Adicione a água, tampe e deixe. Ferva no fogo baixo por 5 minutos. Adicione a cebolinha, a salsinha e o orégano. Tempere com shoyu e deixe ferver por mais alguns minutos sem tampar, até evaporar o excesso de água.

Tofu Assado

500 gramas de tofu
1 c. chá de óleo de gergelim

Tempero

1 c. chá de suco de gengibre
2 colheres de sopa de shoyu
1 c. sopa de água
1 pitadinha de sal

Pique o tofu em quadrados e parta-os ao meio para obter triângulos. Arrume-o em uma assadeira untada. Para fazer o suco de gengibre, rale-o e esprema-o. Misture os ingredientes do tempero e derrame-o sobre o tofu. Deixe descansando por uns 15 minutos para o tempero entrar. Ligue o forno; quando estiver quente, coloque o tofu e deixe-o assando por 25 minutos ou mais se preferir mais crocante. Delicioso para ser servido com pão sírio ou em sanduíches, ou ainda num prato com vegetais refogados e arroz. Experimente!

Pacotinhos de Aguê

4 aguês quadrados
2 ½ xícaras de arroz integral cozido
2 c. sopa de salsinha picada
2 c. sopa de hortelã picada
1 colher sopa de gersal
1 cenoura em rodelas cozidas no vapor
1 c. shoyu
½ xícara de água

Coloque os aguês numa panela e cubra-os com água. Leve ao fogo e deixe ferver para tirar o óleo. Então escorra a água. Leve-os de volta ao fogo com ½ xícara de água e o shoyu; deixe ferver por 5 minutos ou até a água secar. Escorra a água e deixe-os esfriando no escorredor. Esquente o arroz e misture os temperos verdes e o gersal. Abra um lado do aguê com uma faca fazendo um pacotinho e recheie com o arroz temperado. Enfeite com as rodelinhas de cenoura cozidas.

Saladas que São uma Refeição

Sopa de Peixe

150 a 200 gramas de filé de peixe
óleo de gergelim tostado
4 xícaras de água
10 cm de alga wakame, cortada pequena
½ xícara de nabo partido no meio e fatiado (como uma meia lua)
1 xícara de folhas de brócolis
cebolinha verde picada

Temperos:
Europeu: ½ c. chá de thyme, manjerona, sal marinho
Japonês: ½ c. chá de gengibre e 1-2 colheres chá de shoyu

Coloque algumas gotas do óleo numa frigideira. Refogue o peixe, no fogo médio, até que ele comece a se despedaçar com facilidade. Deixe de lado por enquanto. Leve a água ao fogo numa panela, adicione o nabo e a alga, tampe e deixe ferver por 10 minutos em fogo baixo. Adicione o peixe, as folhas de brócolis e temperos de sua preferência. Deixe co-zinhar até ficar macio. Adicione a cebo-linha verde apenas alguns minutos antes de servir.

Sopa de Macarrão Soba

1 pacote de macarrão soba
6 xícaras de água
¼ xícara de cenourinha
¼ xícara de nabo ou rabanete
½ xícara de brócolis (ou use as folhas do nabo ou as do rabanete)
cebolinha verde
1 xícara de feijão azuki cozido (opcional)
missô ou shoyu

Pique todos os vegetais em pedaços finos para cozinharem depressa. Ferva a água, adicione o macarrão, a cenoura e o nabo. Tampe e deixe ferver por 10 minutos em fogo baixo, então adicione o brócolis, ou as folhas e o feijão (opcional). Cozinhe tudo por mais 5 minutos e então adicione o missô ou o shoyu.

Jantares Rápidos

Vegetais Chineses Luxuosos

2 colheres de chá de óleo
de gergelim tostado
1 cenoura fatiada fina, na diagonal
1 batata baroa cortada fina, na diagonal
1 xícara de água
1 xícara de brócolis em
pequenos pedaços
2 talos de salsão (fatiado fino)
3 xícaras de acelga picada fina
1 xícara de broto de feijão, opcional
mais 1 xícara de água
1 c. sopa bem cheia de araruta
2-3 colheres de shoyu

Variações infinitas:
Escolha raízes e verduras da estação e varie cada vez com alguma coisa saborosa e fresca... (experimente castanhas, nozes ou amendoim torrado...)

Essa é a receita favorita de toda a família... especialmente quando a cozinha fica cheia do barulho de muitas facas trabalhando juntas.

Aqueça o óleo numa frigideira. Refogue as raízes mexendo-as em fogo médio por alguns minutos até começarem a soltar aquele delicioso cheirinho e começarem a absorver o óleo. Adicione a água, tampe rapidamente e deixe cozinhando em fogo baixo por 5 minutos. Então adicione os vegetais verdes, tampe e deixe ferver por mais 2-3 minutos só até ficarem crocantes. Dissolva a araruta em em água fria e misture nos vegetais até o caldo engrossar. Tempere com shoyu.

Sirva com macarrão ou arroz.

Frango com Gengibre

1-2 peitos de frango caipira*
1 c. chá de gengibre ralado
1-2 dentes de alho, amassado
1 c. chá de óleo de gergelim tostado

* *Frango caipira* pode ser consumido quando você estiver em bom estado de saúde.

Cozinhando para uma galera? Para fazer com que todos se sintam bem-vindos... cozinhe uma boa quantidade de Vegetais Chineses e adicione um pouco de Frango com Gengibre para os amantes de carne.

Limpe e cozinhe o frango em fogo brando por 20-25 minutos ou até a carne começar a se soltar com facilidade dos ossos. Desfie-o e refogue-o rapidamente com o gengibre e o alho. Adicione aos Vegetais Chineses de Luxuosos.

Macarrão ao "Pesto"

2 xícaras de folhas de manjericão
1 dente de alho grande amassado
1/3 xícara de nozes
1/3 xícara de água
1 c. sopa de azeite de oliva
½ c. chá de sal marinho
½ c. chá de shoyu (aproximadamente)

Essa versão de "Pesto Italiano Light" é irresistível tanto no macarrão como para espalhar num pão fresquinho ou torrada. Para preparar, retire as folhas de manjericão do caule e coloque-as numa xícara apertando um pouco até ter 2 xícaras bem cheias de folhas. Num multipro-cessador ou liquidificador, bata primeiro as nozes, adicione o azeite, o alho, o sal e a água. Adicione o manjericão e bata em alta velocidade até obter um creme. Tempere com shoyu.

Peixe Assado com Gengibre

150-250 gramas de filé de peixe
de água doce
½ c. chá de óleo de gergelim tostado
½ -1 c. sopa de shoyu
½ -1 c. chá de gengibre ralado

Esfregue cuidadosamente o peixe com o óleo de gergelim dos dois lados. Então misture o gengibre com o shoyu e esfregue essa mistura nos dois lados do peixe também. Esquente o forno. Coloque o pei- xe numa assadeira e asse-o por 15-20 minutos até ficar crocante e macio. Sirva imediatamente com limão e vegetais frescos cozidos no vapor.

Panqueca

1 xícara de farinha integral
1 ½ xícara de água
½ c. chá de sal marinho
1 c. sopa de óleo de soja

Coloque a farinha, o sal e a água numa vasilha e misture bem para formar uma massa bem líquida. Esquente uma frigideira grossa (as de ferro são ótimas pra isso), unte-a com um pouco de óleo e derrame uma camada fina da massa. Quando endurecer, vire-a e asse-a do outro lado. Faça quantas panquecas puder e veja como recheá-las no quadro abaixo:

Panqueca à Moda Mexicana. "Burritos" para Todos

Para reunir família e amigos com preferências gastronômicas tão distintas, prepare um self-service mexicano... Cozinhe feijão na véspera. Aqueça as panquecas no forno. Agora é só pedir a todos para ajudar a colocar os recheios:

Recheios:

FEIJÕES:	Carioquinha, azuki, preto ou lentilhas
VEGETAIS:	Alface rasgada, cebolinha verde, pimentão, brotos
CARNE:	Azeitonas picadas, sobras de arroz ou carne moída*
QUEIJO:	Ricota e/ou tofu
COBERTURA:	Maionese de tofu feita em casa
TEMPERO:	Vinagrete, conserva de vegetais ou Molho de Gergelim com Umeboshe

**Para os amantes da carne:* carne de boi criado em pequenas fazendas é preferível à carne de animais criados comercialmente, pois a destes contém muitos hormônios de crescimento e antibióticos. Fique alerta porque a carne, apesar de dar força, é também um dos alimentos mais dificeis de serem equilibrados numa dieta integral. Coma pequenas porções com bastante vegetais, ou talvez você não consiga resistir ao açúcar e ao álcool.

Sobras Inspiradas

Não tenha medo e divirta-se! Com um pouco de coragem e imaginação, aquele restinho de arroz de três dias pode se tornar parte de uma sopa cremosa, molho, cookie, pão, panqueca (burrito), pudim ou torta... Vá em frente e enlouqueça na cozinha!

O que Fazer com o Arroz

Reaqueça-o no vapor
Faça um creme para sopa
Refogue-o
Refogue-o com legumes
Recheie uma panqueca com ele
Misture na massa do pão
Misture-o numa salada....

e com o Feijão

Engrosse o caldo da sopa
Bata-o, faça um creme
Amasse-o para um patê
Adicione-o ao cozido de vegetais
Misture-o com farelo de pão para hambúrgueres
Recheie as panquecas ou burritos
Refogue-o com cebola

#1 Torta de Arroz

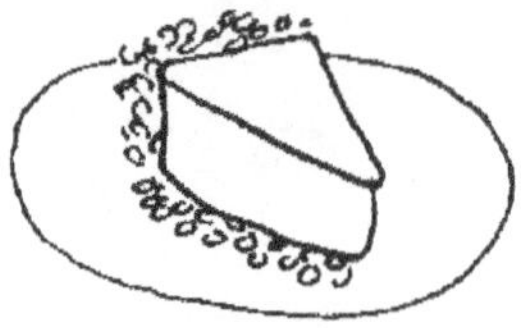

#2 Creme de Arroz na Torrada

#3 Arroz na Panqueca

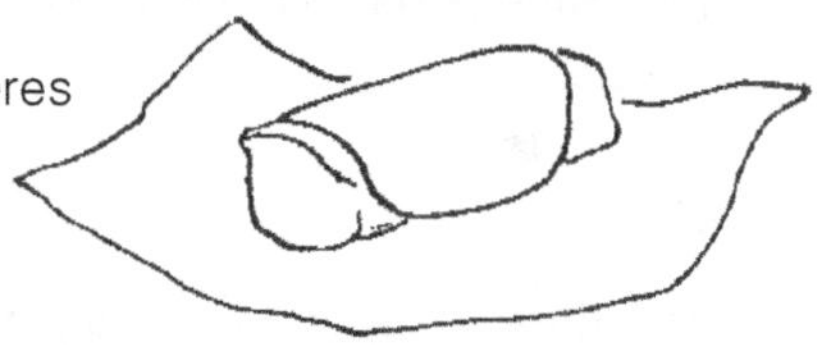

Mais Idéias...

1) TORTA DOCE E FÁCIL PARA O JANTAR – Amasse sobras de arroz numa assadeira untada, cubra com batata-doce cozida no vapor e asse até ficar quente.

2) ARROZ CREMOSO NA TORRADA – Cozinhe vegetais da estação no vapor. Bata sobras de arroz no liquidificador com água o suficiente para fazer um creme grosso. Esquente e tempere com missô. Sirva sobre vegetais na torrada.

3) GERGELIM COM ARROZ NA PANQUECA OU BURRITO – Cubra uma panqueca com arroz, cenoura cozida no vapor, uma porção da sua verdura preferida e um pouco de tahine e shoyu. Enrole como um rocambole. Maravilhoso para o lanche na escola ou para viagem.

Como Inventar

Cremes, patês e molhos, temperados naturalmente

1) COMECE COM SUBSTÂNCIA

tofu amassado
feijão amassado
arroz batido
vegetais cozidos e batidos
ou simplesmente água

2) PARA DAR MAIS SABOR, ADICIONE

vinagre de arroz
suco de limão
mostarda (natural)
conserva
umeboshi
alho
gengibre
cebola
saquê

3) PARA UM SABOR SALGADO, ADICIONE

sal marinho
missô
shoyu
conserva
vinagre de umeboshi

4) PARA ENRIQUECER, ADICIONE

tahine
óleo de gergelim tostado
óleo de oliva
sementes torradas e moídas
amêndoas moídas

5) PARA UMA LEVE SURPRESA, ADICIONE

cebolinha verde
raspas de limão
erva-doce
aneto
temperos para aves
ervas italianas
salsinha
thyme
manjerona

6) PARA UM TOQUE DOCE, ADICIONE

malte de cereais
suco concentrado de maçã (não adoçado)
purê de vegetais doces

** Engrosse molhos com araruta**
Amoleça qualquer coisa com água

3 DICAS DE OURO

*Adicione líquidos e temperos fortes aos poucos
*Consiga um amigo para provar com você
*Surpreendam-se juntos

Delícias Cremosas para a Hora do Lanche

Manteiga Doce de Cenoura

4 xícaras de cenoura em rodelas
½ xícara de água
1 pitada de sal marinho
1 c. sopa bem cheia de araruta dissolvida em 2 c. sopa de água
1-2 colheres de sopa de tahine

Doce, cremosa e especial para passar na torrada de pão integral, crackers ou onde a imaginação pedir.

Fatie a cenoura em rodelas de 3 cm e coloque na panela de pressão com a água e o sal. Leve ao fogo até pegar pressão, então abaixe o fogo e deixe cozinhando por aproxi-madamente 10 minutos. (Se você não tem uma panela de pressão, cozinhe em fogo baixo numa panela tampada por 20 minutos.) Bata as cenouras no liquidificador até obter um purê, use a água do cozimento para bater as cenouras. Dissolva a araruta em água fria, misture com o purê de cenouras e leve ao fogo de novo. Mexa até aparecerem as bolhas da fervura (araruta deve ser cozida para engrossar). Para um sabor amanteigado, misture o tahine.

Manteiga de Abóbora com Gergelim

1 xícara de abóbora hokaido cozida e amassada
3 c. sopa de semente de gergelim
1 pitada de canela
missô claro ou sal marinho
água

Manteiga de cenoura era minha favorita até o dia em que inventei essa! Cozinhe a abóbora no vapor, na na pressão ou asse e então amasse. Toste as sementes de gergelim numa frigideira, mexendo sempre até cheirar tostado e quebrar facilmente entre o indicador e o polegar. Bata no liquidificador ou suribachi até formar uma pasta. Misture a abóbora, o missô e água, apenas o suficiente para obter uma consistência cremosa.

* Semente de gergelim tostada na hora dá um sabor especial e um cheiro de dar água na boca. Mas e na pressa? Substitua por tahine.

Patê de Feijão

2 xícaras de sobra de lentilha, feijão azuki ou grão-de-bico
1 talo de salsão, picado bem pequeno
cebolinha verde, picado bem pequeno
2 c. sopa de salsinha picada
2 c. sopa de suco de limão ou 1 c. chá de vinagre de arroz
2 c. chá de missô ou shoyu
¼ xícara de sementes de gergelim moídas (ou sementes de girassol)

Toste as sementes numa frigideira em fogo baixo, mexendo até cheirarem tostadas (cuidado para não ficarem marrons e amargas). Use o liquidificador para fazer uma farinha bem fina. Amasse o feijão. Misture todos os ingredientes e tempere de acordo com o seu gosto.

Delicioso em torradas integrais, pita (pão sírio), crackers ou biscoitos integrais da sua preferência.

Patê de Grão-de-Bico: Hummus

1 xícara de grão-de-bico
2 xícaras de água
10 cm de alga kombu

1 dente de alho grande
1-2 ameixas umeboshi para dar um gostinho
2 c. sopa de semente de gergelim tostada e moída (ou use tahine)
1/3 do líquido de cozimento do grão-de-bico
1 pouco de suco de limão (opcional)
1 c. sopa de cebolinha picada

Eu gosto de guardar um pouco desse patê no freezer... um quebra-galho para visitas inesperadas.

Cate o feijão, lave-o e deixe-o de molho por uma noite. Escorra a água do molho e coloque água fresca para cozinhá-lo. Cozinhe-o na panela de pressão com a alga por 50 minutos. Escorra os grãos e reserve a água. Refogue o alho por alguns minutos. Toste as sementes e moa-as como na receita anterior. Misture todos os ingredientes e bata-os até obter um creme (melhor usar um multiprocessador). Enfeite com cebolinha ou salsinha.

Quitutes para o Lanche

Creme de Maçã

4 maçãs
¼ xícara de passas
½ c. chá de canela
ou ½ c. chá de raspas de limão
½ xícara de água ou suco de maçã
1 c. chá de araruta
2 c. sopa de água ou suco de maçã para dissolver a araruta

VARIAÇÃO: Experimente pêras!

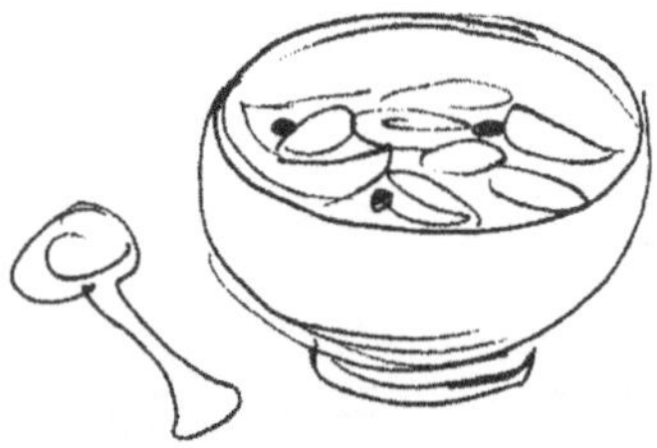

Como pode uma coisa tão simples ser tão saborosa? É como torta de maçã sem a massa. Eu me delicio enquanto esse sabor especial me acalma e me relaxa. O que você acha? É a mágica da araruta, o travo das raspas do limão ou essa coisa boa das passas?...

Descasque as maçãs e retire as sementes. Fatie-as. Coloque-as numa panela com as passas, a canela ou raspas de limão e a água. Tampe, leve ao fogo baixo por 10-15 minutos até a maçã ficar macia. Dissolva a araruta em água fria e derrame-a na panela mexendo sempre até engrossar. Para ficar crocante, coloque um pouco de granola em cima na hora de servir, ou sementes ou nozes tostadas.

Pudim de Pão da Sônia Hirsch

½ quilo de pão integral seco
chá de erva doce e canela, bem forte
1 c. sopa de tahine
2 c. sopa de araruta
3 c. sopa de aveia em flocos finos
uma pitada de sal
1 punhado de passas escuras e/ou maçãs cozidas
½ c. chá de cravo
½ c. chá de canela
½ c. chá de raspa de limão
¼ c. chá de noz moscada

Bom para fazer com aquele pão integral que já está ficando duro. Coloque o pão de molho no chá. Esprema e reserve o líquido. Junte os outros ingredientes e misture bem até obter uma massa uniforme. Acrescente as especiarias. Coloque numa forma untada e cozinhe no forno em banho-maria por 1 hora.

Gelatina Deliciosa

2 xícaras de suco concentrado de maçã
5 c. sopa de flocos de agar-agar
1 xícara de morangos frescos
suco de limão
1 pitadinha de sal marinho

GELÉIA DE MENTA: no verão, omita os morangos e acrescente raspas de limão e 3 folhas de hortelã frescas.

MAÇÃ E NOZES: no inverno, omita as frutas e use apenas 4 colheres de agar-agar. Coloque nozes tostadas em cima.

Ferva o suco de maçã com a agar-agar*. Abaixe o fogo e deixe cozinhando por 5-8 minutos, até a agar-agar estar completamente dissolvida.Apague o fogo e acrescente os demais ingredientes, mexendo sem parar, então coloque numa vasilha de louça para gelar por mais ou menos uma hora. (Não é instantâneo, mas por algumas coisas vale a pena esperar!)

* *Agar-agar* é uma alga que funciona como gelatina. Veja na página 133 diferentes formas de usá-la.

Pudim de Maçã

2 maçãs
¼ xícara de aveia em flocos
½ xícara de suco concentrado de maçã
1/3 xícara de água
½ xícara de arroz integral cozido
¼ c. chá de canela
1 c. sopa de malte de cereais

Descasque a maçã e retire as sementes. Toste a aveia numa frigideira em fogo baixo, mexendo sempre, até cheirar tostada. Adicione a maçãs e os outros ingredientes. Tampe e leve ao fogo baixo e deixe fervendo por 20 minutos. Bata tudo no liquidificador até obter um creme homogêneo. Sirva com nozes ou sementes tostadas em cima.

Quitutes

Sementes Tostadas

sementes de girassol
sementes de abóbora
shoyu

(amêndoas são deliciosas também)

Espalhe as sementes numa assadeira e leve ao forno quente por aproximadamente 10 minutos, até elas começarem a estalar, ficarem douradas e emanarem aquele cheirinho irresistível.

Ou toste-as numa frigideira grossa, em fogo baixo, mexendo constantemente.

Salpique umas gotinhas de shoyu em cima e misture até que fiquem temperadas por igual. Deixe esfriar e guarde num vidro tampado na geladeira para ficarem frescas.

Conserva de Nabo no Lanche

sobras de arroz
conserva de nabo
sementes tostadas

Quer se livrar do desejo de comer doces? Experimente o *oposto* do seu desejo... alguma coisa salgada e azeda.

Essa mistura é ótima... crocante e satisfaz. Experimente e mastigue.

Conserva de nabo:

1 nabo pequeno
1 pitada de sal
2 c. sopa de shoyu

Pique um nabo comprido em rodelinhas e coloque-o numa tigela com o sal e o shoyu de um dia para o outro. Escorra-o, esprema-o e use como conserva.

6 As Intrigantes Algas Marinhas

Algas marinhas são os minerais e as vitaminas do oceano – tão ricas que superam todos os outros alimentos terrestres em diversidade e nutrientes. Ricas em cálcio e ferro, elas são também fonte de vitamina B (inclusive B12), vitamina A, potássio, magnésio, fósforo e iodo.

Elas são um tesouro marítimo, um baú de valiosos resíduos minerais: selênio, zinco, cobre, níquel, rubídio e molibidênio. (Os vegetais que crescem na terra ultimamente são quase que totalmente desprovidos desses elementos tão essencias à nossa saúde – em conseqüência dos métodos de cultivo modernos, os quais depredam o solo).

Muito alcalinas, as algas ajudam a equilibrar o sangue quando este se encontra muito ácido. (Das gripes ao câncer, todas as doenças se desenvolvem no sangue em condição ácida). E, nessa era nuclear, é importante saber que as algas da família marrom (a qual inclui kombu, wakame, arame e hijiki) contêm ácido algínico, o qual aglomera e expele do corpo substâncias radioativas e metais pesados.

Está pronto para experimentar? Tem ainda mais uma jóia no baú do tesouro... Algas marinhas também têm efeito calmante e tranqüilizador no nosso mar de emoções interiores. A ingestão de algas, em pequenas quantidades, por um longo período de tempo, pode acalmar a superatividade dos rins, flexibilizar atitudes rígidas e ajudá-lo a enfrentar situações difíceis e de grande pressão.

Existem muitas variedades de algas e cada uma tem um sabor desafiadoramente diferente... Vire a página para aprender a incluí-las nas suas refeições com mais freqüência.

VERSATILIDADE E AMIZADE

Quando se encontrar de novo na cozinha, imaginando "O que realmente quero? De que preciso?"... pense nas algas marinhas. Essas perguntas podem ser a forma usada pela sua intuição para levá-lo a uma nova direção. Por que não se voltar para a fonte biológica de toda a vida na Terra? A mãe água. O oceano oferece uma incrível seleção (essas são algumas das variedades mais comuns):

VARIEDADE	QUALIDADE ESPECÍFICA	SUGESTÕES DE PREPARO
AGAR AGAR	Gelatinosa	Uma base maravilhosa (sem sabor próprio) para gelatinas musses, cremes.
ARAME	Adiciona sabor sutil	Artística, dá um sabor adocicado, aumenta o sabor dos cozidos e é um prato maravilhoso para servir com cereais e vegetais.
HIJIKI	Cresce ao cozinhar	Forte sabor e aparência única. Como um prato complementar, fortifica refeições vegetarianas. Sobras ficam ótimas em saladas.
KOMBU	Amacia	Acentua o sabor dos alimentos de forma extraordinária e dá uma textura especial a feijões, sopas de vegetais e cebola.
NORI	Para enrolar	Faz rolos de sushi artisticamente enrolados para entradas ou petiscos em festas. Pegue um pacotinho e coma com a mão. Crianças também adoram roer pedacinhos de nori torrada.
WAKAME	Delicadamente doce	Adicione em sopas, cozidos e caçarolas assadas (faz com que as cenouras fiquem suculentas e doces).

Algas, Cálcio e Ferro

Algas marinhas têm sido amplamente recomendadas em livros macrobióticos como uma boa fonte de cálcio e ferro.

Isso é verdade, no entanto um engano precisa ser corrigido. Muitos livros dizem que hijiki contém 10 vezes mais cálcio do que um copo de leite. Isso é um erro (cometido pelo uso do número de nutrientes em algas secas – não cozida).

A tabela abaixo mostra (depois de corrigida) que para igualar a quantidade de cálcio em laticínios, seria preciso comer algas e verduras com bastante freqüência e ainda vários outros produtos integrais (nem todos listados) que contêm pequenas quantidades de cálcio.

COMPARAÇÃO DA COMPOSIÇÃO NUTRITIVA DE CÁLCIO E FERRO			
Alimento	Quantidade	Cálcio	Ferro
Hijiki, cozida	¼ de copo	152,6 mg	3,16 mg
Wakame, cozida	¼ de copo	130 mg	1,3 mg
Kombu, cozida	¼ de copo	76,4 mg	0,9 mg
Tempê, cozido	93 g	129 mg	10,0 mg
Leite	1 copo	288 mg	0,1 mg
Iogurte	1 copo	272 mg	0,1 mg
Sardinha, com os ossos	93 g	372 mg	2,5 mg
Folhas de nabo, cozidas	1 copo	252 mg	1,5 mg
Folhas de mostarda, cozidas	½ copo	97 mg	0,65 mg
Brócolis, cozido	½ copo	68 mg	1,7 mg
U.S. RDA Cálcio: 800-1200 mg, U.S. RDA Ferro: 12-18 mg			

* Tabela retirada do artigo escrito por Leonard Jacobs, *East West Journal*, maio 1985.

A Controvérsia do Cálcio

De quanto cálcio uma pessoa precisa? Na comunidade científica, a resposta para essa pergunta varia muito.

Para adultos, o USDA recomenda 800 mg diariamente. Mas a Associação de Saúde Mundial recomenda 600 mg, considerando o fato de que a maioria das pessoas (por questões econômicas) não tem acesso a alimentos laticínios, os quais são ricos em cálcio, ou ainda que o aparelho digestivo de algumas pessoas não consegue digerir esses alimentos.

Muitos cientistas respeitados, incluindo o Dr. Mark Hegsted, Professor Emérito da Universidade de Harvard e Administrador de Nutrição Humana no mandato do Presidente Carter, acreditam que a quantidade de cálcio necessária para uma pessoa adulta pode ser a metade dos números considerados acima (veja "The Great Calcium Debate", de autoria de Kirk Johnson, *East West Journal,* outubro 1984).

Pesquisas científicas confirmam que muitas pessoas comuns, as quais fazem uso de uma alimentação pobre em cálcio, têm ossos e dentes fortes (veja *Diet and Nutrition*, de autoria de Rudolph Ballentine).

No entanto, outros estudos mostram que americanos precisam de grande quantidade de cálcio – especialmente mulheres adultas devido à propensão desse grupo à osteoporose. (Outros sintomas femininos como TPM e cólicas menstruais são também atribuídos à deficiência de cálcio.)

Porque existe essa diferença tão discrepante nas pesquisas?

Falta de exercícios, grande consumo de proteínas e dietas baseadas em alimentos ricos em fósforo (refrigerantes, por exemplo), tudo isso exaure o suprimento de cálcio no organismo. É bem possível que as pessoas usadas nas pesquisas consumissem grandes quantidades de carne e refrigerantes e não fizessem exercícios com regularidade, sendo assim, seus corpos precisavam de muito mais cálcio. Mas essas variáveis nem sempre são consideradas.

Além desses fatores, pode ser ainda que nosso estilo de vida altamente estressante interfira consideravelmente na nossa habilidade de absorver quantidade suficiente de cálcio dos alimentos.

Você sabia?
A quantidade de cálcio no nosso corpo pode ser exaurida quando bebemos refrigerantes, comemos excesso de proteína e não fazemos bastante exercícios. Coma algas marinhas para ajudar a restaurar essa perda.

Um estilo de vida mais simples e uma dieta mais equilibrada, baseada em alimentos tradicionais pouco estressantes e ricos em cálcio, vitaminas e sais minerais (como verduras e algas marinhas), talvez aumente nossa habilidade de extrair dos alimentos *todos* os nutrientes que precisamos.

Não existem respostas fáceis para a questão do cálcio. Como muitas das decisões que tomamos nessa era complexa em que vivemos, no caso do cálcio precisamos basear nossos julgamentos nas pesquisas científicas parciais, as quais estão sempre mudando, associando essas informações a um olhar mais amplo do mundo.

E, finalmente, confiando na nossa intuição.

Em resumo

Algas marinhas contêm uma rica quantidade de nutrientes (incluindo resíduos minerais que não podem mais ser encontrados em vegetais terrestres, devido à depredação do solo). Elas têm efeitos calmantes no humor e na personalidade. E, quando consumidas com freqüência, em pequenas quantidades, podem claramente aumentar o cálcio e o ferro da nossa alimentação, suprindo uma larga porcentagem da necessidade diária desses nutrientes.

Mas igualmente importante, para os chefes de cozinhas naturais: algas marinhas são uma fonte importante de prazeres gustativos... oferecendo uma grande variação de sabores, texturas e efeitos visuais. As receitas a seguir continuarão a intrigá-lo.

Pesando nossa necessidade de cálcio...
Devemos comparar as informações do Ocidente (as quais promovem um aumento da ingestão de cálcio) com a perspectiva global de saúde e vigor de muitas culturas tradicionais, as quais consomem alimentos com pouco cálcio.

Algas Marinhas

Receitas

Mais de 75 espécies de algas marinhas são consumidas ao redor do mundo – da Irlanda à China, da Polinésia à culturas nativas das Américas.

As receitas aqui apresentadas usam as seis variedades mais comuns no Brasil. Muitas têm nomes japoneses, mas algumas são colhidas em diferentes partes do mundo.

Se você quer experimentar uma receita vencedora, opte pela Crocante Wakame com Gergelim ou a Sopa Francesa de Cebola com Kombu.

Quando estiver se sentindo corajoso, ou com *vontade* de se sentir corajoso, experimente hijiki. Ela vai tornar os seus dentes fortes, seu cabelo brilhante, sua pele lisa... Só o fato de se olhar no espelho já vai ser suficiente para melhorar o seu senso de humor.

Agar-Agar* – Para Gelatinas

Uma gelatina natural, esses flocos não têm sabor nem aroma e precisam simplesmente ser aquecidos até derreter para fazer gelatinas, pudins ou musses.

Agar-agar forma um bom volume (bolo intestinal) para a regulação do funcionamento dos intestinos, é ainda benéfico para perda de peso, uma vez que não contém calorias.

Musse de Cenoura

2/3 xícara de cenoura fatiada
(1 cenoura média)
1 xícara de água
¾ xícara de verdura picadas
(couve, agrião, acelga)
1 xícara de água
3 ½ c. sopa de agar-agar, flocos
¾ c. chá de casca de limão cortada fina
3 rabanetes cortados rodelas fininhas

Cozinhe a cenoura em 1 xícara de água por 8-10 minutos, até amaciar. Bata no liquidificador até obter uma consistência homogênea. Leve a outra xícara d'água ao fogo até ferver, então adicione a verdura, a agar-agar, tampe, abaixe o fogo e deixe cozinhando por 5-8 minutos, até a verdura amaciar. Adicione o rabanete e as raspas de limão e deixe no fogo por mais um minuto. Misture tudo e despeje numa tigela larga e baixa para moldar a gelatina. Deixe esfriar antes de servir.

Pudim de Morango ou Pêssego

6 c. sopa de agar-agar em flocos
3 xícaras de suco de maçã sem açúcar
1 xícara de água
2 c. sopa de tahini
2 xícaras de morangos ou pêssegos
cortados em fatias finas
3 c. sopa de araruta, bem cheias
2 c. sopa de suco de maçã
1 c. chá de baunilha

Leve o suco, a água e a agar-agar ao fogo. Deixe ferver por 10 minutos. Misture as frutas picadas e o tahini. Dissolva a araruta em um pouco de suco frio. Adicione a araruta e misture bem até engrossar. Coloque a baunilha. Então despeje em taças de sobremesa para esfriar. Enfeite com fruta fresca.

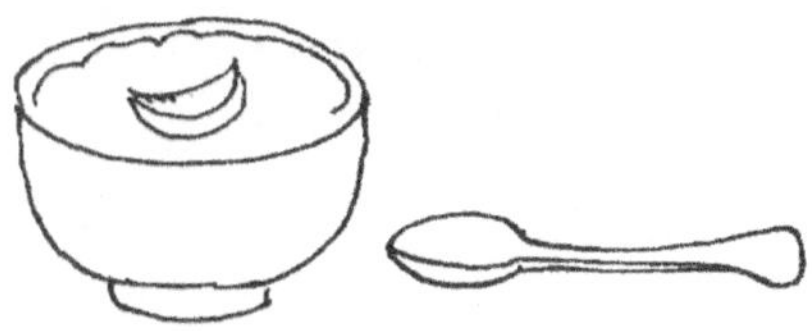

* Agar-agar é também colhecida como kanten. Certifique-se de comprar flocos e não barras ou pó para essas receitas.

Arame – A Escolha Artística

Tirinhas marrons delicadas com sabor suave, quase doce, e de textura firme e prazerosa. Rica em cálcio e ferro. Surpreendentemente artística quando com- binada com outros alimentos – experimente adicionar ¼ de xícara de arame na massa de bolinhos (muffins) de fubá ou numa panelada de sopa de ervilhas. Também deliciosa e atrativa quando cozida junto com trigo sarraceno e cebolas num risoto. Onde mais você pode usá-la? Use sua imaginação!

Refogado de Milho Verde e Arame

1 xícara de alga arame
1 cebola fatiada fina
2 espigas de minho (os grãos)
¾ a 1 xícara de água
óleo de gergelim tostado
shoyu
vinagre de arroz (opcional)

Variação para o inverno:
Substitua o milho por
cenoura cortada em tirinhas finas
(kimpira).

Lave a arame (veja instruções na página a seguir). Arrume-a numa panela com a água. Deixe ferver, então tampe, abaixe o fogo e deixe cozinhar por 5 minutos (o cheiro vai ser forte no início, depois o aroma diminui – isso aumenta o sabor). Coloque a cebola, continue fervendo por mais 20 minutos. Adicione mais água quando neces- sário para manter a alga úmida, mas sem submergir – você quer que todo o líquido seque quando o prato estiver pronto. Finalmente adi- cione o milho por cima. Salpique algumas go- tinhas de óleo de gergelim. Deixe no fogo por mais 10 minutos. Tempere com shoyu e vinagre.

Abóbora Assada com Arame

1 abóbora butternut pequena
1 cebola fatiada de comprido
½ xícara de arame (uma mão quase cheia)
½ xícara de bardana (opcional)
½ xícara de água fervendo
shoyu

Lave a alga arame (instruções na página a seguir). Corte a abóbora. Coloque com a parte cortada virada para baixo numa tábua de picar legumes e descasque-a com uma faca. Pique-a em pedaços que cabem na boca. Passe óleo numa assadeira com tampa. Coloque camadas de alga cebola, bardana e por último a abóbora. Adicione a água fervendo. Coloque algumas gotas de shoyu em cima. Tampe e asse em forno quente por 45 minutos ou até a abóbora amaciar.

Para Lavar Arame e Hijiki

Essas algas precisam ser lavadas para remover areia, lama ou pedaços de conchas.

1. Primeiro procure por pedacinhos de conchas e remova-os. Então cubra a alga com água fria.

2. Esfregue e misture a alga para soltar a areia.

3. Então, tire-a da água, assim a areia assenta no fundo. Coloque-a numa tigela e descarte a água.

HIJIKI precisa ficar de molho antes de ser cozida. Cubra-a com água fresca e deixe-a de molho por 10 minutos ou até ficar flexível. Use a água em que ela ficou de molho para cozinhar.

ARAME não precisa ficar de molho (mesmo que as instruções do pacote digam diferente – ela tem um sabor melhor quando não é colocada de molho). Apenas a deixe descansar por alguns minutos, depois de lavar para absorver a água, antes de cozinhar.

Hijiki – a Forte

Atrativos cordões pretos com textura firme e sabor forte e bem peculiar.

A mais rica de todas as algas em ferro e cálcio – uma excelente escolha quando você está sob pressão e precisa ser forte. Conhecida no Japão como a "portadora de riqueza e beleza", hijiki é usada tradicionalmente para fortalecer os ossos, revitalizar a pele e o cabelo. E... fortalecer os intestinos.

Kimpira de Cenoura com Hijiki

1 xícara de hijiki
1 ½ xícara de água
1 cenoura cortada em kimpira
1 c. sobremesa de vinagre de arroz (opcional)
½ c. sobremesa de shoyu
gotinhas de óleo de gergelim tostado

Meça aproximadamente uma xícara de hijiki e coloque numa tigela. Cubra-a com água (veja instruções na página 135). Descarte a água e coloque-a de molho em 1 xícara de água fresca por 10 minutos.

Leve ao fogo e deixe ferver sem tampar por 5 minutos. O cheiro vai ser forte no início, mas depois dispersa – isso melhora o sabor.

Adicione a outra ½ xícara de água, tampe, abaixe o fogo e deixe cozinhar por 20 minutos. Tempere com shoyu, óleo de gergelim e vinagre. Deixe no fogo por mais alguns minutos para misturar o sabor.

Sirva pequenas porções quentes ou frias como prato complementar.

Adicione as sobras a macarrões, arroz, saladas, sopas ou cozidos.

Kombu – a Intensificadora

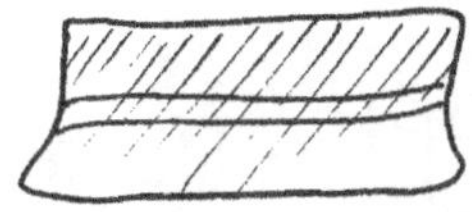

De sabor suave, essa larga folha verde expande bastante quando colocada de molho.

Contém glutâmico ácido – um amaciador de alimentos e intensificador de sabor. Amacia feijões e os torna mais digeríveis. Adocica raízes vegetais quando adicionada em cozidos, eles até derretem na boca. Para fazer kombu "al dente", cozinhe-a de 45 minutos a uma hora, então corte-a em pedaços que cabem na boca ou kimpira. Ou, ainda, cozinhe-a por 1 hora e meia numa panelada de feijão, misture com uma colher e ela dissolverá e desaparecerá.

Sopa Francesa de Cebola com Kombu

15 cm de alga komku
2 cogumelos shiitake, secos e grandes
1 cebola partida no meio e picada em fatias finas no sentido do comprimento
4 xícaras de caldo de sopa ou água
3 c. sopa de shoyu aproximadamente

Coloque os cogumelos de molho em ½ xícara de água, por 10 minutos, então corte-os em fatias finas. Coloque-os num caldeirão de sopa (use a água do molho) com a alga, a cebola, duas colheres de shoyu e o resto da água. Leve ao fogo, quando ferver tampe, abaixe o fogo e deixe cozinhar por 20 a 30 minutos. Remova a alga (guarde-a para adicionar no feijão ou arroz). Prove e ajuste o tempero com shoyu. Sirva enfeitada com folhas frescas de salsinha.

Cozido Suave de Raízes com Kombu

15 cm de alga kombu
1 ½ xícara de água
1 cebola
1 cenoura
1 batata baroa ou nabo redondo
1 talo de salsão com folhas
2 folhas de repolho
1 c. sopa de araruta, bem cheia
2 c. sopa de água fria
shoyu para temperar
½ c. chá de mangericão ou tomilho (opcional)
½ xícara de seitan picado (opcional)

Coloque a kombu e a água numa panela e leve ao fogo. Quando ferver, tampe, abaixe o fogo e deixe cozinhar por 20 minutos. Então, remova a kombu, pique-a em cubos pequenos e coloque-a de volta na panela. Pique todos os vegetais em cubos ou fatias. Coloque a cebola, as raízes e o salsão na panela junto com a alga. Tampe, abaixe o fogo e deixe cozinhar por 15 minutos. Adicione o repolho e cozinhe por mais 5 minutos, ou até todos os vegetais ficarem macios. Dissolva a araruta em água fria e misture-a no cozido para engrossar o caldo. Tempere com shoyu e ervas. Para dar um sabor de carne, misture pedaços de seitan... um saboroso produto de trigo, rico em proteína.

NORI – Para Enrolar Sushi

Fino como papel, essa alga prensada tem um suave sabor de oceano, crocante quando ligeramente tostada. Boa fonte de proteína e vitamina A. Freqüentemente usada para enrolar sushi – petiscos para piquenique ou festas, recheados de arroz integral e vegetais. (Sushi em japonês significa qualquer alimento artisticamente enrolado e servido com fortes temperos.)

"Pacotes" de Nori

4 folhas de nori tostadas
arroz integral cozido e fresco
diferentes vegetais levemente cozidos no vapor e cortados em tirinhas

brócolis
cenoura
abóbora
salsão
cebolinha verde
folhas de rabanete
nabo
etc.

Tiras de tofu ou tempê refogados

Essa é uma variação de sushi que os convidados podem ajudar a preparar em volta da mesa. Pegue as folhas de alga nori tostadas (e corte cada uma em 4 pedaços). Pegue um pedaço de nori, encha com arroz e colo- que alguns vegetais em cima. Tempere com molho.

PARA TOSTAR A NORI: Passe-a sobre um fogo baixo até ela começar a ficar crocante e mudar de cor para um verde mais claro. Corte-a em 4.

MOLHO: Combine partes iguais de suco de limão, missô e água. Adicione algumas gotas de vinagre de arroz para temperar.

Sirva os vegetais, tempê ou tofu e 1 tigelinha de molho num prato. Nori tostada e arroz em tigelas separadas. Deixe os convidados fazerem seus próprios sushis japoneses.

Rolos de Sushi

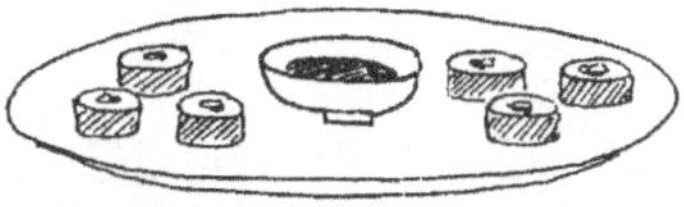

(Faz 24 rolos de sushi)

3 folhas de nori tostado
2 ½ xícaras de arroz integral
½ c. chá de vinagre de arroz
1 ameixa umeboshe amassada
1 cenoura pequena picada em tirinhas
1 fatia fina de gengibre
½ pepino picado em tirinhas
ou ¾ xícara de verduras tenras cozidas no vapor

Sushis redondos e artísticos fazem entradas ótimas – e é bem agradável encontrá-los na lancheira!

Molho para mergulhar o Sushi:
3 c. sopa de shoyu
1 c. chá de água
sumo de ½ c. chá de gengibre ralado

Para preparar: Salpique vinagre no arroz. Se estiver quente, espalhe-o num prato para esfriar. Para os dias de calor: corte cenouras e pepinos crus em tirinhas finas. No tempo de frio, use verduras cozidas no vapor. E cozinhe as cenouras com gengibre numa panela de tampa.

1º Passo - Espalhe o arroz

Coloque uma folha de nori, com o lado brilhante para baixo, em cima de uma esteirinha de bambu. Espalhe 1/3 do arroz cozido numa camada fina em cima da alga, cobrindo ¾ do comprimento da alga.

2º Passo - Coloque a camada de recheio

A 3 cm da beirada próxima de você, espalhe ¼ c. chá de umeboshe em cima do arroz. Em cima da umeboshe, espalhe tirinhas de cenoura e pepino ou verduras.

3º Passo - Enrole

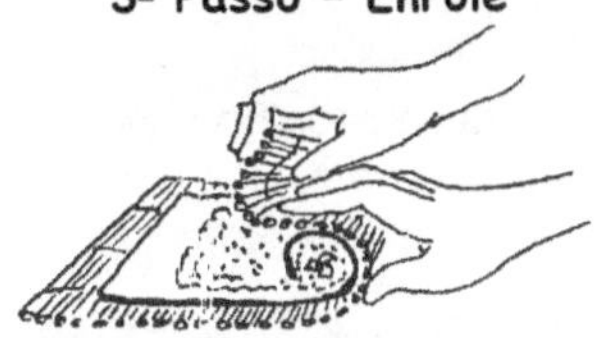

Agora é hora de enrolar! Segurando o recheio no lugar com os dedos, use os polegares para levantar a ponta da esteira. Então, quando o rolo começar a se formar, use uma mão do lado de fora da esteira para mantê-la enrolando bem apertado, enquanto a outra mão continua a guiar a ponta de cima da esteira em direção à outra ponta.
Quando o rolo ficar pronto, aperte a esteira em volta dele, até as beiradas colarem. (Se a beirada não estiver colando no rolo, umedeça-a com água.) Com uma faca amolada, corte de 7-8 rolinhos, limpando a faca num pano molhado para não agarrar. Arume-os artisticamente num prato e sirva com o Molho de Shoyu.

Wakame – A Alga das Mulheres

Graciosas folhas verdes com sabor quase adocicado e textura escorregadia. Cresce muito, portanto, corte-as em pedaços pequenos. Alga rica em cálcio, tiamine, niacine e vitamina B_{12}. Usada tradicionalmente na medicina oriental para purificar o sangue, fortalecer os intestinos, os cabelos e a pele. Muito boa para os órgãos, além de ajudar a regular o ciclo menstrual.

Panelada de Lentilha com Wakame

15 cm de wakame
1/3 xícara de lentilha
2 xícaras de arroz cateto integral
1 talo de salsão
1 batata baroa ou cenoura
1 cebola
1 pitada de alecrim ou tomilho
2 pitadas de sal marinho
5 ½ xícaras de água

Corte a wakame em pedaços pequenos. Lave a lentilha e o arroz. Corte os vegetais em pedaços pequenos, em formas compatíveis. Coloque tudo numa panela (com tampa que possa ser levada ao forno) com um pouco de óleo. Adicione a água e leve ao fogo até ferver. Então tampe e leve ao forno quente por 1 hora.

Divirta-se enquanto o jantar cozinha sozinho!!!

Cozido de Abóbora Butternut com Wakame

8 cm de wakame
2 xícaras de água
4 xícaras de abóbora
  cortada em cubos
1 cebola, cortada em 8
1 bardana pequena
1 xícara de grão-de-bico cozido
1 c. sopa de shoyu
1 talo de salsão
1 xícara de repolho picado

Uma refeição doce e forte... Coloque a wakame de molho enquanto descasca e pica a abóbora em cubos, parte a cebola e fatia a bardana. Corte a wakame em pedaços peque- nos, coloque-a numa panela com a água e leve-a ao fogo para ferver. Em camadas, adicione a cebola, a bardana, a abóbora e o grão-de-bico. Tampe, abaixe o fogo e deixe cozinhar por 15 minutos. Tempere com shoyu, mas sem misturar. Coloque por cima uma camada de salsão e, por último, repolho. Tampe de novo e cozinhe por mais 10 minutos. Misture tudo e sirva com pão integral ou bolo de milho.

Guarnição de Gergelim-Wakame

1 ½ c. sopa de wakame, tostada e moída (aproximadamente 1pacote de wakame)
½ xícara de gergelim tostado

Toste a wakame numa assadeira por 10-15 minutos em forno quente até a alga ficar amarronzada. Toste o gergelim numa outra forma até ele cheirar tostado e quebrar com facilidade quando apertado entre os dedos. Retire a parte central da wakame (espinha dorsal da folha) e guarde-a para sopas. Quebre o resto da wakame num suribachi e moa parcialmente. Então, adicione as sementes de gergelim e continue moendo até as sementes serem parcialmente amassadas. Sirva como guarnição para cereais, vegetais ou sopas cremosas. Guarde num vidro fechado na geladeira.

Sopa de Inhame com Wakame

5 inhames
1 beterraba
1 cebola
1 cenoura
10 cm de nabo comprido
10 cm de wakame
2 c. sopa de missô
1 c. sopa de óleo de soja
1 pitada de sal marinho

Pique e coloque a wakame de molho em 1 xícara de água. Descaque e pique o inhame (pequenos tubérculos marrons) em rodelas grossas. Pique as outras raízes em rodelas mais finas e corte-as ao meio como meia-lua. Mantenha cada vegetal separado. Pique a cebola em cubos pequenos. Aqueça uma panela (as de barro dão um sabor especial às sopas) e coloque o óleo. Refogue a cebola com uma pitada de sal marinho, mexendo sempre até ficar transpa-rente. Adicione em camadas: primeiro o nabo, o inhame, a cenoura e a beterraba. Acrescente a alga com a água do molho. Coloque mais água até o nível dos vegetais. Tampe e deixe ferver até eles ficarem macios. Acrescente mais água para fazer mais caldo. Quando ferver, derreta o missô usando um pouco do caldo da sopa. Desligue e acrescente o missô. Prove e ajuste o tempero com mais missô, se necessário. Saudável, bonita e deliciosa!!

O Exercício de Servir

Você provavelmente já deve estar imaginando as respostas que receberá da sua família e amigos se servir algas quando convidá-los para jantar. Todos nós temos sentimentos contraditórios sobre mudanças... E de alguma forma, as algas marinhas vão trazê-los todos à tona.

Fique atento para os sinais. Narizes franzidos ao ouvirem a palavra "alga". Sobrancelhas arqueadas a cada colherada. Todos remexendo na cadeira.

Antes que a situação fique pior, você pode ajudar os seus convidados falando dos seus próprios sentimentos e incertezas diante das algas. Como você se sentiu cozinhando essa coisa estranha e escorregadia? Observe a lista abaixo para os possíveis sentimentos:

orgulhoso de você mesmo por tentar
envergonhado
com medo de provar
fascinado
vulnerável
malandro
com ressentimento (pelas novas responsibilidades de autocura)
agradecido (pelos benefícios)
honrado
dedicado
pioneiro
sozinho
ridículo
desajeitado
amoroso

Reflita sobre essa lista, compartilhe um pouco dos seus sentimentos com seus convidados e, então, encoraje-os a fazer o mesmo.

Na verdade, as algas podem ser muito boas para quebrar o gelo, quando você quiser quebrá-lo.

7 Alternando Alimentos para Saúde e Prazer

É mês de maio na minha horta. Os feijões em vagem crescem em abundância. As cenouras vão devagarzinho firmando suas delicadas raízes dentro da terra. As abóboras kabocha crescem nas ramas e em julho e agosto estarão prontas para irem ao forno e aquecerem nosso inverno, até lá as olharemos com expectativa...

O vento traz o cheiro das laranjeiras carregadas. As couves, mostardas e brócolis ocupam os canteiros em profusão. A cada manhã de inverno, quando jogo água fria sobre os canteiros, vejo como as plantas resistem e se fortalecem com a água, penso no quanto o frio nos fortalece também.

Na minha horta eu tenho compreendido como é natural e recompensante comer diferentes plantas em diferentes estações. A cada manhã boto meus sapatos de jardineira e saio para ver as últimas novidades da horta. Quando chega a hora da refeição eu experimento o sabor de um relacionamento com a natureza. Ah, muito gratificante... Cada dia, coisas diferentes emergem das panelas trazendo beleza e deleite. As mudanças de humor na minha família também parecem estar sendo alimen-tadas com as mudanças das estações.*

Parece convidativo? Esse capítulo lhe mostrará como trazer a natureza, direto da horta para sua cozinha e para a sua vida, através da rotação dos alimentos:

TRÊS DICAS BÁSICAS PARA ROTAÇÃO DE REFEIÇÕES

- ✓ Liberte-se dos hábitos arraigados com alimentos locais e da estação
- ✓ Coma diferentes tipos de alimentos todos os dias baseando-se em como você se sente
- ✓ Tenha objetivos claros e planeje refeições que o ajudem a alcançá-los

* Texto adaptado às estações do ano no Brasil.

Por que devemos nos libertar dos hábitos antigos?

Você cresceu acostumado a comer refeições repetitivas? A maioria de nós pode dizer que sim (veja a coluna ao lado).

Mesmo que você tenha sucesso adotando uma alimentação integral, provavelmente sua tendência será de voltar automaticamente para o hábito de refeições repetitivas. (Já está caindo no vício de arroz integral e sopa de missô?)

Existe sempre o risco de tornar um tipo de alimento em hábito, arriscando perder a sincronia com o sentido natural do mundo, o qual está em constante mudança ao seu redor.

Nosso corpo vibra com o ritmo da natureza e deseja variedade de produtos integrais. Se você está sempre correndo atrás de produtos refinados, processados (mesmo os considerados saudáveis como biscoitos integrais), você está parando o seu processo. O sistema imunológico começa a falhar. E você talvez caia doente.

O trabalho do sistema imunológico é botar pra fora tudo o que não pertence ao organismo. Isso é um trabalho duro nessa nossa sociedade cada vez mais poluída e orientada para o consumismo. Não é surpresa que doenças do sistema imunológico como AIDS e alergias estejam proliferando tanto ultimamente.

Rotação de alimentos pode ajudar a quebar:

Costume de comer bobagens
Costume de carne com batata
Costume de refrigerantes e balas
Costume de café com biscoito
Costume de frutas e iogurte
Costume de batata frita e queijo
Costume de café com leite e pão com manteiga

Alternar uma grande variedade de alimentos – especialmente aqueles que ajudam a limpar e fortalecer os órgãos em diferentes estações – é uma maneira garantida de aliviar a carga do sistema imunológico e construir uma barreira de resistência contra doenças.

Nas páginas seguintes, você encontrará um método sistematizado para começar, com refeições básicas e sugestões de cardápios, baseados na Teoria dos 5 Elementos, da medicina chinesa.

RENOVANDO OS ÓRGÃOS COM ALIMENTOS DA ESTAÇÃO

Há muito tempo, os antigos chineses descobriram que nossos órgãos internos respondem de maneiras específicas às mudanças de clima e alimentação que acompanham a troca das estações.

Por exemplo, os rins – os quais geralmente são sobrecarregados durante o frio do inverno – podem ser fortalecidos com a ingestão de feijão azuki.

Em cada estação, tipos específicos de alimentação estimulam o Ki – ou força vital – a fluir através dos órgãos em pares (veja abaixo). A cada ano o ciclo se repete... Esse é o plano da Mãe Natureza para construir uma vida longa de resistência a doenças.

Para aprender sobre os tipos de alimentos que beneficiam cada órgão, vire a página.

ÓRGÃOS QUE DEVEM SER NUTRIDOS A CADA ESTAÇÃO:

PRIMAVERA	Fígado / Vesícula Biliar
VERÃO	Coração / Intestino Delgado
FINAL DO VERÃO	Baço-Pâncreas / Estômago
OUTONO	Pulmões / Intestino Grosso
INVERNO	Rins / Bexiga

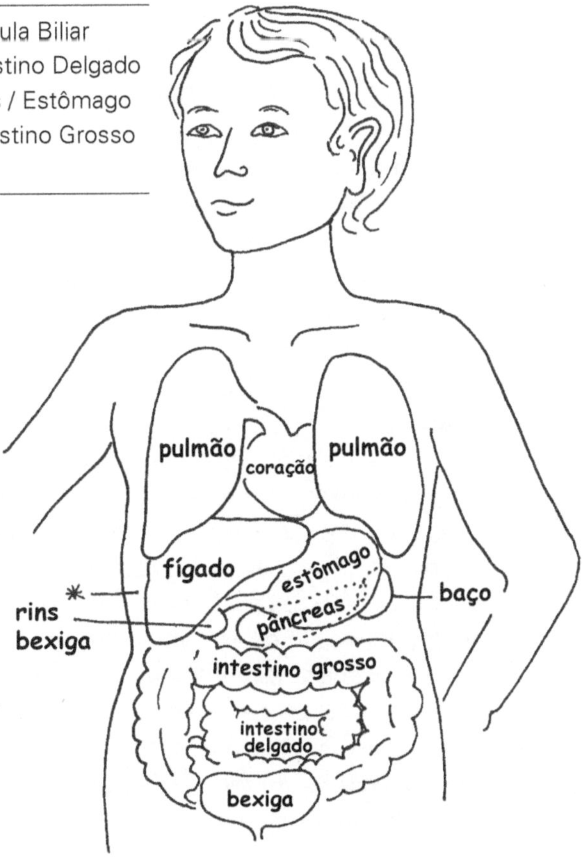

* Os rins não aparecem na figura, eles estão localizados atrás do fígado e do estômago, perto da coluna.

Alimentos Com Poder Curativo em Cada Estação

Primavera:
Fígado/Vesícula Biliar
Cevadinha, verduras, umeboshi, etc.

Verão:
Coração/Intestino Delgado
Milho, verduras amargas, saladas etc.
redondos etc.

Final do Verão:
Baço-Pâncreas/Estômago
Painço, abóboras de sabor adocicado, vegetais

Inverno:
Rins/Bexiga
Feijão azuki, missô, Raízes substanciosas, etc.

Outono:
Pulmões/Intestino Grosso
Arroz integral, verduras substanciosas, raízes pungentes, etc.

Durante cada estação, você pode dar uma força para os seus órgãos, consumindo alimentos mais curativos. Mesmo fora de estação esses alimentos têm poder curativo sobre órgãos sobrecarregados.

Para monitorar a saúde dos órgãos, observe as suas mudanças de humor (as pequenas estações da sua vida diária). Energia positiva significa vigor. Mas energia negativa pode indicar sinal de fraqueza, lentidão ou superatividade dos órgãos. Aqui está um exemplo de como o seu humor, os seus órgãos e as estações do ano estão interligados:

Na primavera, exercícios fora de casa e na natureza mandam sangue rico e oxigenado para o fígado, estimulando-o a eliminar as gorduras do inverno. O resultado... você se sente muito bem! Mas se você fica preso dentro de casa – num escritório sem ar, com temperatura controlada –, provavelmente vai se sentir inquieto, impaciente ou mesmo com o pavio curto.

Em qualquer estação, sentimentos de irritabilidade podem ser superados comendo mais verduras da primavera (acelga, mostarda, agrião) etc. e diminuindo os alimentos aquecedores do inverno (cereais cozidos na pressão, óleos e nozes, sal, produtos animais, alimentos assados). Em vez disso, cuide bem de você com uma sopa deliciosa de cevadinha com cogumelo. Quando o final de semana finalmente chegar, você vai se sentir leve o bastante para curti-lo.

Veja o *Plano de 5 Refeições Básicas* e os exemplos de cardápios a seguir, a fim de aprender como alternar refeições para cada mudança de estação e humor.

Escolhendo Refeições para o seu Estado de Espírito

Se você se sente:	Mas quer se sentir:	Escolha estas refeições básicas
ansioso preocupado solidário demais sensível demais pensando demais	calmo suave capaz de discernir autodeterminado animado	#1 *Painço, a Refeição Suavizante* para baço-pâncreas e estômago
triste deprimido preguiçoso pensamento confuso	aliviado mais piedoso com mais energia mais organizado mais decidido	#2 *Arroz, a Refeição para Confiantes* para pulmões e intestino grosso
medroso oprimido, esmagado confuso inseguro	corajoso seguro de você mesmo autoconfiante comprometido	#3 *A Refeição Encorajadora* para rins e bexiga
impaciente agitado frustrado intenso zangado ressentido	mais paciente mais alerta criativo afirmativo menos raivoso pensando mais claramente	#4 *A Deliciosa Refeição de Limpeza* para fígado e vesícula biliar
superagitado supertenso não consegue curtir a vida se refugia no trabalho	mais relaxado mais divertido mais leve mais inspirado curtindo a vida	#5 *A Refeição Relaxante* para o coração e intestino delgado

✓ Veja como você se sente e como quer se sentir, então escolha um Plano Básico de Refeição.

Um detalhado plano de cardápio está listado nas próximas cinco páginas. Use-o como um guia, mas sinta-se livre para recorrer à sua intuição e improvisar também. Saltos de criatividade melhoram o sabor e o poder curativo de qualquer alimentação simples.

1 Painço, a Refeição Suavizante

Opções Básicas

Painço
Arroz moti
Abóboras adocicadas ou raízes – cenoura, batata baroa, etc.
Arame ou Kombu
Gersal
Pudins e molhos feitos com araruta
Chás com araruta (ver glossário)

Efeitos no Humor

Aliviante
Calmante
Sentimento de satisfação

Efeitos no Corpo

Para diminuir fissura por doces
Regula o nível de açúcar no sangue
Acalma estômago agitado

Café da manhã reconfortante	Jantar calmante	Piquenique de final de verão
Papa de arroz	Cozido de raízes com kombu	Hummus
Torrada de pão integral ou bolo de fubá	Millet de panela ou cozido na pressão	Pão Sírio Integral
Arame (feito em formas grandes de empada)	Arroz moti	Milho verde com alga
Manteiga de cenoura	Gersal	Repolho cozido
Banchá	Pudim	Gelatina
	Chá de cevadinha tostada	Chá de arroz tostado

Experimente:
✓ Hambúrguer de Painço
✓ Pudim de Painço com Baunilha
✓ Purê de Painço

O final do verão é reconfortante e...

Doces

2 Arroz: A Refeição para Confiantes

Opções Básicas

Sopa de missô ou shoyu
Arroz integral (longo ou curto)
Lentilhas, peixe, tofu ou tempê
Verduras substanciosas
Abóboras da estação
Vegetais variados
Sementes tostadas e nozes
Gengibre, cebola, alho
Frutas da estação cozidas

Efeitos no Humor

Pensamento mais claro
Atitude mais decidida
Sentimento de satisfação
Mais organização
Sentimento mais piedoso

Efeitos no Corpo

Regula os intestinos
Tonifica os pulmões
Limpa o sangue
Aumenta a estamina

Café da manhã satisfatório

Sopa de missô
Papa de arroz
Gersal
Chá de cevadinha tostada

Jantar rápido

Sopa cremosa de brócolis
Tofu mexido ou patê de feijão
Pão integral
Banchá

Almoço para mulheres que trabalham fora

Sobras de arroz e tofu assado enrolados numa panqueca de farinha integral com agrião refogado, brotos, mostarda e tahini
Couve refogada

Sofisticado jantar de algas marinhas

Sopa de abóbora hokkaido com missô
Peixe assado com gengibre
Arroz integral cozido na pressão
Gersal
Condimento de nabo (veja página 196)
Kimpira de cenoura com hijiki
Musse de damasco
Café de cereais

O outono é energizante e...

Cheiroso

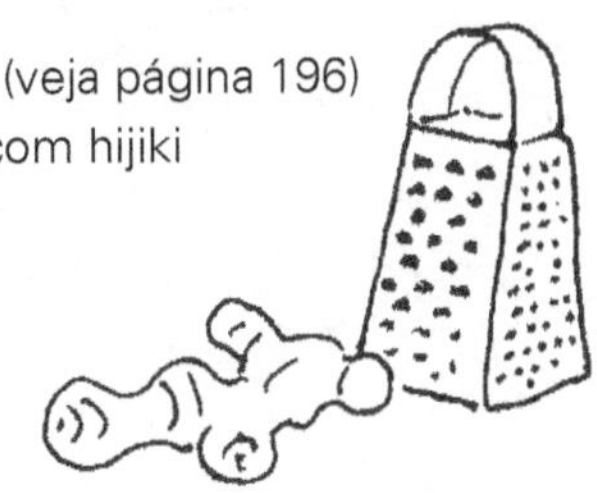

3 A Refeição Encorajadora

Opções Básicas

Sopa de missô ou shoyu Feijão azuki ou preto Trigo sarraceno*, cevadinha Aveia, arroz cozido na pressão ou painço Macarrão soba Seitan	Kombu ou hijiki Suculentas abóboras de inverno Verduras e raízes Picles e condimentos salgados* Sobremesas de baixas calorias

Efeitos no Humor

Sentimento de autoconfiança
Independência
Coragem
Limites mais estabelecidos

Efeitos no Corpo

Fortalece rins* e bexiga
Restaura a energia
Renova o vigor sexual

2 Cafés-da-manhã superaquecedores	Um jantar forte para homens
Sopa de macarrão soba Chapati de arroz Banchá * Aveia cozida de um dia pro outro Verduras cozidas no vapor Gersal Chá de raiz de lótus	Feijão azuki Arroz integral cozido na pressão Verduras cozidas no vapor Maçã crocante Café de cereais

Sabores do Inverno são moderadamente...

Salgados *

* *Nota de Precaução*: Seus rins podem estar supercontraídos se você consumiu muito sal e produtos animais no passado (urina infreqüente e escura é um sinal). Se isso for verdade para você, evite trigo sarraceno e diminua o sal. Coma mais verduras e vegetais que dissolvem gorduras.

4 A Deliciosa Refeição de Limpeza

Opções Básicas

Cevadinha, centeio, trigo	Lentilha, feijão fradinho
Rabanete, nabo comprido e redondo	Cogumelo shiitake
Sopa suave de missô	Wakame ou nori
Repolho e verduras	Limão, umeboshe, picles, Erva-doce

Efeitos no Humor

Paciência
Assertividade, calma, clareza
Flexibilidade
Mente alerta
Criatividade

Efeitos no Corpo

Limpa o fígado e a vesícula biliar
Reduz o colesterol
Dissolve gorduras e muco
Ajuda a diminuir febre e sintomas pré-menstruais

Sopa tonificante de primavera (para 1)

Brócolis
Folha de nabo ou acelga
Salsinha
Cebolinha

Pique 1 ½ xícara de verdura bem fina. Ferva 1 copo de água, adicione a verdura e deixe cozinhar por 5 minutos (panela tampada e fogo baixo). Bata no liquidificador. Tome goles dessa incrível vitamina para um leve café-da-manhã ou jantar. Então experimente fazer Yoga, caminhada ou trabalhe no jardim ou horta. No ar da primavera... seu fígado vai te amar!

Pão de centeio para entrada

Corte o pão de centeio em fatias finas. Corte cada fatia em 4. Coloque-as num cuscuzeiro por 3 minutos. Sirva quente com uma colherada de conserva e algumas sementes de erva-doce.

Azedo

Os sabores da primavera são leves e vibrantes, delicados e azedos...

5 A Refeição Relaxante

Opções Básicas

Arroz integral cozido sem pressão, (de grãos longos ou curtos)
Milho ou fubá
Macarrão de trigo ou milho
Tofu, feijões carioquinha e preto
Grão-de-bico
Verduras do verão e saladas (alface, brotos, vagens, etc.)
Alga nori
Sobremesas com frutas cozidas
Amazake ou malte de cereais

Efeitos no Humor

Leveza
Espontaneidade
Bom humor

Efeitos no Corpo

Relaxa o coração*
Alivia o estresse
Alivia tensão muscular

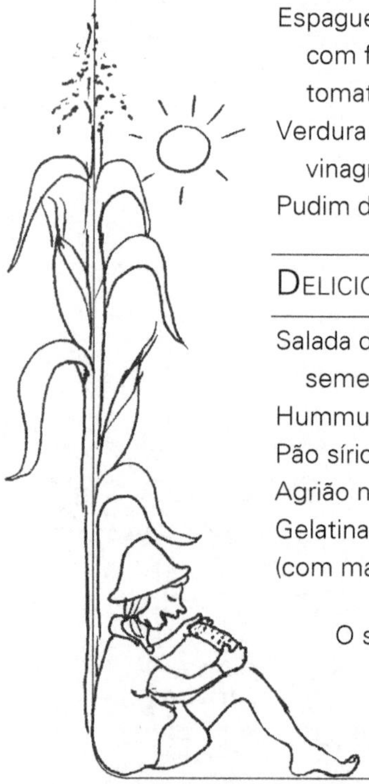

Noite italiana festiva

Espaguete de trigo integral com falso molho de tomate
Verdura cozida com vinagrete de limão
Pudim de morango

Café-da-manhã leve e delicioso

Sopa cremosa de milho verde com uma colher bem cheia de sobra de painço ou arroz
Chá de cravo

enfeite com salsinha fresca

Delicioso almoço para piquenique

Salada de arroz com semente de girassol
Hummus
Pão sírio integral
Agrião no vapor
Gelatina
(com mamão)

* *Lembrete de precaução*: Essa refeição não é indicada para pessoas com problemas cardíacos sérios... Veja: *Diet for a Strong Heart,* de autoria de Michio Kushi.

O sabor do verão é suculento, alegre e refrescantemente...

Amargo

Sinais de Cura

À medida que você começar a alternar as refeições de acordo com o Plano Básico de Refeições, fique atento aos sinais de encorajamento:

Órgãos	Sinais de Cura
Estômago / Baço / Pâncreas	Menos queimação no estômago e melhor digestão. Maior resistência a resfriados e infecções. Menos fissura por açúcar.
Pulmões / Intestino Grosso	Evacuação mais regular. Respiração mais profunda, sinus limpos. Menos cheiro no corpo e hálito puro.
Rins / Bexiga	Menos dores nas costas. Facilidade para manter o corpo aquecido. Urina de cor normal (nem muito clara, nem muito escura). Cabelos mais saudáveis. Menos retenção de líquidos.
Fígado / Vesícula Biliar	Sono mais tranquilo. Menos indigestão e gases. Menos dores no meio das costas. Pele mais clara, menos oleosa ou seca.
Coração / Intestino Delgado	Colesterol mais baixo. Peito, nuca e ombros mais relaxados. Rosto menos avermelhado.

Depois de muitas estações comendo alimentos integrais e locais, adequados às suas necessidades, seu corpo inteiro começará a se sentir melhor e mais conectado com o ritmo da natureza. Você vai tremer menos de frio no inverno, suar menos no verão, se acalmar com mais facilidade no outono e arrebentar o casulo mais depressa na primavera.

No entanto, se você apresenta sintomas mais sérios, a alimentação sozinha talvez não seja o bastante para restaurar sua saúde. Muitas outras disciplinas podem complementar sua maneira iluminada de se alimentar... incluindo acupuntura, herbologia, yoga, consultas com psicólogos, meditação e visualização, massagem e medicina holística. Confie na sua intuição. Pesquise e procure novas direções. Tudo está interligado.

Um Abuso Consciente

Está sentindo um desejo incontrolável de devorar alimentos que não estão incluídos no Plano Básico de Alimentação? Se isso é verdade, na próxima vez que você correr para uma pizza tamanho família, um sorvete triplo ou um bolo de chocolate, experimente isso:

Mude a sua maneira de pensar e diminua a velocidade. Permita-se mergulhar complemente nesses desejos. Esqueça a culpa. Concentre-se no sabor. Nas texturas. No conforto emocional e relaxe.

Nesse processo, isso é muito natural. Também é comum perceber coisas de que você não gosta na alimentação nova. No entanto, se os desejos começarem a ficar incontroláveis, dê uma parada e procure por alimentos que mais o agradam. (Parte do objetivo desse exercício é se deixar realmente sentir prazer. Surpreendentemente pouquíssimas pessoas sabem como fazer isso.)

Em algum ponto o prazer será satisfeito. Quando isso acontecer, pergunte-se...

Qual outra coisa na vida pode ser mais satisfatória? Não tente encontrar uma resposta imediatamente. Apenas faça a pergunta e espere. No momento certo, agora ou mais tarde, a resposta virá... Agradeça o alimento por ajudá-lo a encontrar a resposta.

Em resumo

Uma alimentação mais energizante é aquela que aumenta sua sensibilidade ao mundo natural. O Plano Básico de 5 Refeições deste capítulo (baseado nos 5 elementos da medicina chinesa) pode ajudá-lo a cultivar essa sensibilidade cozinhando para estabilizar o seu humor e revitalizar os órgãos internos, em harmonia com as mudanças de estações.

Parece muito complicado? Talvez você precise dar um passo atrás e "cair na folia", abusando conscientemente dos alimentos que deseja. Então, volte à Tabela da Geladeira para uma visão geral.

Minha receita favorita de feijoada para o outono está nesse capítulo. Experimente-a num desses dias, quando estiver se sentindo com desejo de se sentir satisfeito.

Comida e Humor

Sentindo...	Mas quer se sentir...	Cozinhe...
oprimido com medo frio	autoconfiante capaz aquecido	 sopa de missô feijão azuki feijão preto macarrão soba raízes e verduras abóboras de inverno
impaciente frustrado	alerta decidido criativo	 cevadinha centeio ou trigo lentilhas feijão branco verduras de primavera nabo
tenso dramático alegre	relaxado divertido	 milho tofu feijão carioquinha grão-de-bico saladas e vegetais frutas locais sobremesas de baixas calorias
preocupado supersensível envergonhado	calmo concentrado dado	 painço arroz moti grão-de-bico ou feijão azuki abóboras adocicadas raízes adocicadas
empacado triste deprimido	energizado aliviado claro	 arroz integral tempê lentilha raízes e verduras missô cebola, cebolinha verde gengibre

* * * Tabela da Geladeira * * *

Feijoada Vegetariana: O Sabor Brasileiro

1 ½ xícaras de feijão preto
2 cenouras pequenas,
picadas em rodelas grandes
1 batata baroa,
picada em fatias diagonais grossas
250 gramas de tofu, em cubos
1 beterraba pequena,
picada em palitos
1 raiz de lótus, em cubos
2 dentes de alho
2 folhas de louro
1 c. sopa de óleo de canola
1 c. sopa de shoyu
1 c. chá de sal marinho
10 cm de alga kombu (opcional)

Coloque o feijão de molho por mais ou menos 6 horas. Lave-o e cozinhe-o na pressão por 25 minutos com o louro. Use um pedaço de kombu (10 cm) se quiser.

Enquanto o feijão cozinha, pique os vegetais, tempere-os com óleo e o sal e e coloque-os numa assadeira em uma camada apenas. Numa outra assadeira, coloque o tofu, também temperado com óleo e sal, e leve ao forno.

Asse-os em forno quente por meia hora ou até o tofu ficar crocante.

Então, tire a pressão do feijão, abra a panela e misture os vegetais assados. Cubra com água e deixe-os cozinhar juntos, em fogo baixo, até a feijoada ficar cremosa.

Sirva com couve refogada e arroz fresquinho.

8 Sobremesas Sem Culpa

Sobremesas de muito prazer e pouca culpa são fáceis de preparar com ingredientes naturais.

O segredo? Comece com as lembranças...

Tire um minuto para relaxar e imagine o vídeo da sua vida passando de trás para frente. Pare na sobremesa que lhe der mais água na boca, a mais saborosa da sua vida. Marque a sua característica mais memorável (veja quadro ao lado).

Esse capítulo o guiará na escolha dos ingredientes mais deliciosos e saudáveis que podem lhe dar todas as deliciosas qualidades das sobremesas, sem os indesejáveis efeitos colaterais. As receitas são codificadas, dessa forma você pode escolher as mais apropriadas para as suas necessidades.

✓	MINHAS SOBREMESAS INESQUECÍVEIS
	cremosa e fria
	crocante
	derretendo na boca
	com sabor de fruta fresca
	quente e quebradiça
	em camadas
	confeitada
	"puxenta"
	com cobertura
	com recheio

Aprecie-as... e espere pelo brilho de alegria depois de se permitir esse agrado. Adoçadas naturalmente, de baixo teor calórico, essas sobremesas têm uma chance muito menor de lhe tirar do equilíbrio do que as sobremesas convencionais, ricas em gordura e açúcar. No entanto, elas têm uma chance muito maior de trazer à tona a sua doçura natural.

O CÓDIGO DE 3 ESTRELAS PARA SOBREMESAS

*	* *	* * *
mais delicada	**rica e mais doce**	**Aprecie quando estiver se sentindo saudável e em boa forma, mas cuidado com dramas!**

Dicas Integrais

Para sobremesas que irão amar o seu corpo da mesma forma que você as amará:

1. Frutas locais cozidas – São menos expansivas do que frutas frescas, além de sobrecarregarem menos os rins, o fígado e os intestinos.

2. Tostando farinhas e aveia – Elas se tornam mais fáceis de serem digeridas, além de incorpar o sabor. (Use farinhas moídas recentemente sempre que possível e guarde-as na geladeira para manter as vitaminas.)

3. Para um sabor amanteigado – Use óleo de milho em massas de tortas ou biscoitos.

4. Adicione cereais integrais cozidos – Para deliciosas sobremesas que você não esquece, adicione as sobras de arroz cozido, painço ou aveia aos pudins. Ou substitua parte da farinha em muffins, bolos ou biscoitos por cereias cozidos.

5. Se você forma gases com facilidade – Evite misturar frutas com cereais em sobremesas. Faça uma Torta de Abóbora, Pudim Crocante de Amêndoas ou Pudim Cremoso de Arroz (sem passas).

6. Para contrabalançar – Especialmente depois de uma sobremesa mais doce, aterre suas energias com um banchá quente ou chá de cevadinha tostada.

7. Exagerou? – Tome um pouco do reconfortante chá de araruta (veja glossário, Alimentos para Autocura, p. 212)... isso vai acalmar o seu estômago e a sua fissura por mais açúcar.

Escolhendo a Sobremesa Mais Apropriada

	Escolha Dramática ***	Escolha Ponderada **	Escolha Gentil *
Para Adoçar	açúcar melado	mel	suco de maçã malte de cereais
Achocolatados e Mais	chocolate café, álcool		café de cereais café de cevada
Para Enriquecer	manteiga óleos refinados	tahine óleo de gergelim girassol e milho	óleos de gergelim (pequenas quantidades)
Sabor de Nozes	castanha de caju coco	amêndoa nozes tahine	sementes de gergelim tostadas sementes de girassol e abóbora
Cremoso	nata e leite queijo cremoso	leite de amêndoa iogurte natural tofu	creme de aveia amasake
Para engrossar	maisena	araruta	kuzu
Frutas e Frescor	abacaxi banana tâmaras figos manga	frutas cultivadas localmente frescas e secas em sucos ou cozidas mamão melancia, limão	especialmente maçãs ou experimente vegetais adocicados: cenoura, batata baroa, abóbora

Como escolher de acordo com os códigos:

* Gentil, efeitos colaterais de pouca culpa. Melhor escolha para pessoas doentes.

** Efeitos colaterais médios (sobremesas mais ricas em óleos e mais doces).

*** Ah! Todos nós precisamos extrapolar de vez em quando!

(Procure pelas estrelas nas receitas a seguir...)

Doces Simples

Maçã Cremosa com Canela

4 maçãs vermelhas grandes
2/3 xícara de água
1 pedaço de pau de canela
2 c. sopa de suco de
maçã sem açúcar (opcional)

Superfácil e calmante!
Descasque as maçãs, corte-as em 4, retire as sementes, então, pique-as em fatias finas. Leve-as ao fogo com a água e a canela. Quando ferver, abaixe bem o fogo e tampe a panela. Deixe cozinhando por 12-15 minutos, até as maçãs ficarem macias ou dissolverem. Se estiver um pouco azedo, acrescente o suco de maçã. Delicioso servido quente.

Pudim Cremoso de Arroz

2 c. sopa de castanhas-de-caju
1 xícara de água
½ xícara de passas
¼ c. chá de sal marinho
1 xícara de arroz integral cozido
1 c. chá de baunilha
½ c. chá de raspas de limão

No liquidificador, bata as castanhas-de-caju até fazer uma farinha fina. Adicione a água e bata para fazer um leite cremoso. Leve ao fogo para ferver com as passas e o sal. Cozinhe em fogo baixo por 10 minutos (numa panela tampada), então adicione o arroz e as raspas de limão e cozinhe por mais 5 minutos. Misture a baunilha. Delicioso servido quente.

Minhas Sobremesas Prediletas de Maçã

Maçã Crocante**

Cobertura:

½ xícara de farinha de trigo
1 ½ xícara de aveia em flocos
2 c. sopa de óleo de milho
2 c. sopa de melado
½ xícara de semente de girassol
2 c. sopa de nozes picadas
1/8 c. chá de sal marinho
½ c. canela

Toste levemente a farinha e a aveia juntas numa panela grossa, mexendo sempre em fogo médio. Cuidado para não deixar ficar marrom. Retire-as rapidamente da panela e coloque-as numa tigela, para não queimar. Aqueça o óleo com o melado e despeje sobre a farinha e a aveia. Adicione as sementes, as nozes, o sal e a canela e misture bem.

Recheio:

8 a 10 maçãs
½ xícara de passas
½ c. chá de baunilha
2/3 xícara de suco de maçã
1/3 xícara de água
1 colher bem cheia de araruta

Descasque as maçãs e fatie-as bem fininho (esprema um pouco de limão em cima para não ficarem marrons). Espalhe as maçãs numa assadeira média. Dissolva a araruta em suco e água, leve ao fogo mexendo sempre até engrossar. Espalhe sobre as maçãs e esfarele a cobertura em cima. Asse em forno quente de 30 a 45 minutos, até fazer bolhas.

Maçãs Assadas*

2 maçãs grandes
1 c. sopa de sementes de girassol tostadas
1 c. sopa de passas
¼ c. chá de baunilha
¼ colher de chá de canela
2 c. chá de água
óleo de gergelim

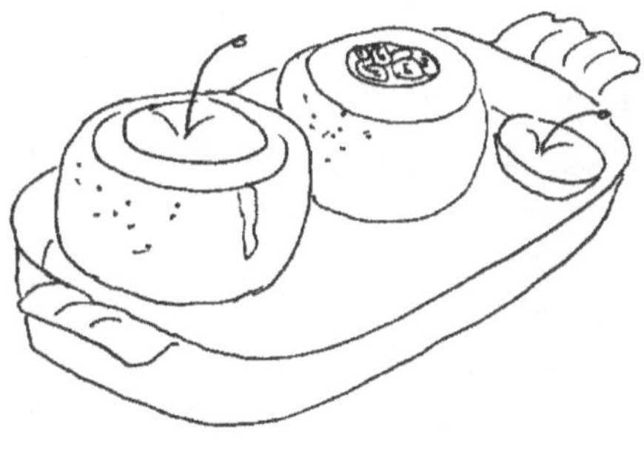

Corte o tampo das maçãs e guarde-os (como mostra a ilustração).
Com uma faca pequena, retire o miolo das maçãs, fazendo um buraco no meio, mas com cuidado para não vazar o fundo. Misture todos os outros ingredientes e recheie as maçãs. Coloque o tampo de volta e asse em forno quente por 30 a 45 minutos, até amaciar.

Para ficarem bem macias, cubra-as por metade do tempo de assamento.

Biscoitos

Biscoitos de Especiarias com Aveia e Passas**

1 ¾ xícara de aveia
¼ xícara de farinha de aveia
1/8 c. chá de noz moscada
1/8 c. chá de coriandro
½ c. chá de canela
¼ c. chá de sal marinho
2/3 xícara de maçã cremosa (veja página 160)
½ c. chá de bicarbonato de sódio
¼ xícara de óleo de canola
1/3 xícara de melado
1/3 xícara de nozes
1/3 xícara de passas

Cada pessoa tem uma consistência favorita para biscoitos. Eu gosto desses porque eles são molhados e cheirosos! (Se você prefere biscoitos mais crocantes e secos, experimente a segunda receita.)

Misture a aveia, a farinha, as especiarias e o sal. Separadamente, misture o bicarbonato com o creme de maçã (página 160, batido no liquidificador). Adicione o óleo e o melado ao creme de maçã. Adicione os ingredientes secos para formar uma massa mais mole. Deixe descansar por 10 minutos. Enrole bolinhas de tamanho médio. Coloque-as numa assadeira untada e use as costas de uma colher para achatá-las. Asse por 20 minutos em forno quente ou até ficarem ligeiramente douradas.

Biscoitos de Nozes (sem trigo)**

2 xícaras de aveia em flocos
¼ xícara de farinha de arroz
¼ xícara de farinha de aveia
¼ xícara de óleo de gergelim
½ xícara de passas
1/3 xícara de nozes picadas
¼ c. chá de sal marinho
1 c. chá de canela
¼ xícara de melado
2/3 xícara de água
1 c. chá de baunilha

Esta é para crianças com alergia a trigo... Tem o sabor do autêntico biscoito de aveia da mamãe!

Toste a aveia numa panela grossa, em fogo baixo, mexendo sempre, até tostar, mas sem ficar marrom. (Isso aumenta o sabor e facilita a digestão.) Toste as farinhas rapidamente. Misture os ingredientes molhados e mexa bem. Adicione os ingredientes secos. Deixe a massa descansar por 5 minutos para encorpar. Enrole bolinhas de tamanho médio e coloque-as numa assadeira untada. Achate-as usando as costas de uma colher. Asse em forno quente por 20 a 25 minutos.

Bolo e Cobertura

Bolo Condimentado da Vovó

Quando eu visitava minha avó no outono, sua casa cheirava a canela e ela sempre servia bolo de maçã na sobremesa. "Humm... que sabor de mel!" O rosto do meu filho irradia de contentamento: "Devemos dar a esse bolo o nome de Bolo do Aconchego!"

Sirva no café-da-manhã de domingo ou asse-o bem antes do jantar e sirva ainda quente para sobremesa, com uma colherada de creme de caju. Seus convidados vão ficar muito felizes.

Ingredientes secos:

1 ½ xícara de farinha integral
½ xícara de farinha branca
1 c. chá de fermento em pó
1 c. chá de bicarbonato de sódio
¼ c. chá de sal marinho
½ c. chá de canela
1/8 c. chá de noz moscada
1/8 c. chá de cravo da índia

Ingredientes molhados:

¼ xícara de passas
2 maçãs pequenas ou 1 grande, sem semente, picada
1 xícara de água das maçãs
¼ xícara de amêndoas
1/3 xícara de óleo de canola
¼ xícara de melado
1 c. sopa de gengibre ralado
2 c. chá de baunilha

Misture as farinhas, o bicarbonato, o fermento, o sal e as especiarias. Coloque 1 xícara de água com as passas numa panela de cozimento a vapor (cuscuzeiro). Em cima, coloque as maçãs picadas pequenas. Leve ao fogo e cozinhe em fogo baixo por 5 minutos. Escorra as passas e guarde a água, adicionando mais água se preciso para formar 1 xícara. Moa as amêndoas no liquidificador; quando virarem uma farinha, adicione no liquidificador as passas, a água das passas, o óleo, o melado, a baunilha e o sumo do gengibre ralado. Bata tudo até ficar cremoso. Misture esse creme aos ingredientes secos. Por fim, coloque as maçãs cozidas e misture gentilmente.

Coloque numa forma de bolo quadrada, untada. Asse em forno quente por 40 minutos. Ou use um palito de dente para espetar o bolo: se sair limpo, está assado.

Creme de Castanha-de-Caju

½ xícara de castanha-de-caju
1 xícara de água
½ c. chá de raspas de limão
1 c. chá de baunilha
1/8 c. chá de canela
¼ xícara de tofu amassado

Uma maravilhosa cobertura para sobremesas naturais, sem laticínios!

Coloque todos os ingredientes num liquidificador e bata até ficar cremoso. Sirva como cobertura no Bolo Condimentado da Vovó, Torta Doce de Abóbora ou Torta de Batata-Doce (página 166).

Crostas para Tortas

Crosta de Aveia e Nozes**

¾ xícara de aveia em flocos
1 xícara de farinha integral
¼ xícara de nozes picadas
2 c. sopa de óleo de gergelim
¼ c. chá de sal marinho
1/3 - ½ xícara de água

Toste ligeiramente a aveia e então a farinha, mexendo sempre numa panela grossa em fogo médio, até sentir cheiro de tostado, sem ficar marrom. Numa vasilha, usando um garfo, misture a farinha, o sal, as nozes e o óleo. Adicione água o bastante para dar liga e fazer uma massa que não gruda na mão.

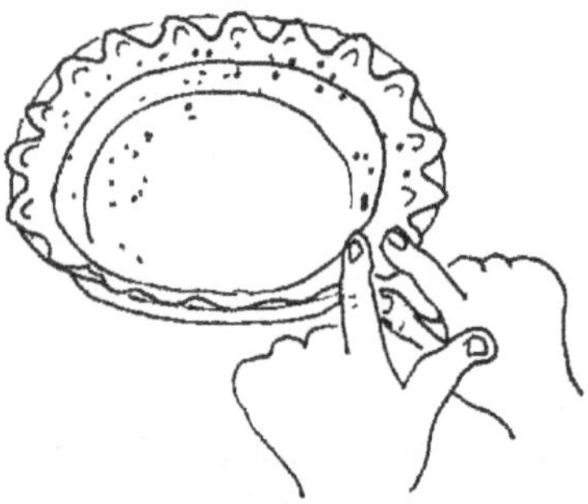

Como Espalhar a Massa:

Espalhe a massa por igual numa forma de torta. Comece do centro e aperte a massa até formar uma crosta fina, empurrando o excesso de massa para as beiradas e para cima até chegar nas bordas. Faça dobrar na beirada como mostra a figura. Para torta de abóbora, asse por 10 minutos em forno quente, então coloque o recheio e asse por mais 25 minutos. Para tortas de frutas ou cremosas, pré-asse por 20 minutos em forno quente, deixe esfriar e recheie.

Crosta Light (sem gordura)*

1 1/3 xícara de farinha de aveia
2/3 xícara de farinha de arroz
¼ c. chá de sal marinho
2/3 – ¾ xícaras de água

Para fazer farinha de aveia, bata a aveia em flocos no liquidificador. Toste a farinha, combine os ingredientes, amasse e espalhe numa forma de torta. Asse seguindo as instruções da receita acima.

Crosta Esfareladiça de Painço*

¾ xícara de farinha de painço
1/3 xícaras de fubá
¾ xícaras de farinha integral
2-3 c. sopa de óleo de milho
¼ c. chá de sal marinho
½ - 2/3 xícara de água

Faça farinha de painço batendo-o no liquidificador em velocidade alta. Toste a farinha, combine os ingredientes e espalhe na assadeira como nas receitas anteriores. Asse em forno quente por 20 minutos. Maravilhosamente crocante e delicada com recheio de frutas ou creme.

Tortas de Frutas Frescas

Torta de Pêra**

4 xícaras de pêras em fatias
ou nectarinas, ou pêssegos
2 xícaras de suco de maçã sem açúcar
2 c. sopa de agar-agar em flocos
2 ½ c. sopa bem cheias de araruta
dissolvidas em ½ xícara de água
1 c. chá de baunilha
1 pitada de sal

Arrume as pêras ou outra fruta fresca numa Crosta Esfareladiça de Painço.Leve ao fogo o suco com agar-agar, deixe ferver por 5 minutos. Adicione a araruta, dissolvida em água fria, e mexa até engrossar. Adicione a baunilha. Deixe esfriar um pouco e então despeje sobre as frutas. Leve à geladeira por uma hora antes de servir.

Torta de Morango **

3 caixas de morango orgânico
½ - ¾ xícara de mel ou melado
4 c. sopa de agar-agar em flocos
1 colher bem cheia de araruta
dissolvida em 2 c. sopa de água
½ c. chá de sal marinho

Indescritivelmente agridoce. Lave os morangos e retire as folhas. Salpique-os com sal. Coloque-os numa panela em fogo baixo (não precisa adicionar nenhum líquido – os morangos produzem água rapidamente quando esquentados). Derrame o mel ou o melado em cima e os flocos de agar-agar. Cozinhe por 15 minutos mexendo de vez em quando. Dissolva a araruta na água, então adicione aos morangos e mexa até engrossar. Deixe esfriar rapidamente e derrame numa crosta de torta pré-assada (aveia e nozes ou painço). Deixe esfriar por 3 horas em temperatura ambiente ou por 1 hora na geladeira.

Tortas de Inverno

Torta Doce de Abóbora*

3 xícaras de abóbora cozida e amassada (butternut ou kabocha)
½ xícara de água
2 c. sopa bem cheias de araruta
¼ c. chá de sal marinho
2-4 c. sopa de melado
1 ½ c. chá de canela
1 pitada de noz moscada
1 pitada de cravo em pó

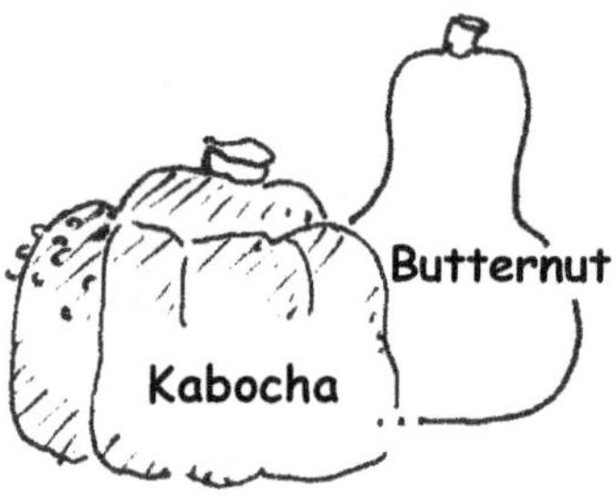

Minha torta predileta a qualquer hora... especialmente com uma abóbora fresquinha colhida da horta.

Pique a abóbora em 4 e remova as sementes. Então coloque os pedaços numa assadeira de tampa e asse em forno quente por uma hora... ou arrume-os em cima de um cestinho de cozimento a vapor dentro de uma panela de pressão com ¼ de xícara de água e cozinhe por 20 min (assim que a panela começar a chiar, abaixe o fogo). Descasque e amasse, então faça um purê batendo no liquidificador.

Para fazer o recheio, dissolva a araruta na água (ou use o líquido do cozimento da ábobora, depois que ele esfriar). Leve ao fogo – mexendo sempre para não encaroçar –, enquanto engrossa. Adicione o purê de abóbora, o melado e os temperos. Pré-asse uma Crosta de Aveia e Nozes ou uma Crosta Ligth sem Gordura, recheie com o creme de abóbora e leve de volta ao forno quente por 25 minutos. Deixe esfriar antes de servir.

Torta de Batata-doce*

3 xícaras de batata-doce cozida
½ c. chá de gengibre ralado
½ c. chá de canela
¼ c. chá de noz moscada
¼ xícara de passas
2 c. sopa de tahine
uma pitada de sal

Amasse a batata-doce e misture o gengibre, a canela, a noz moscada, as passas, o tahine e o sal. Amasse bem. Use uma Crosta de Aveia e Nozes (página 164), pré-assada por 10 min, adicione o recheio de batata-doce e asse de novo por 20 min.

Com Coração Permissivo

O Coração Permissivo

No coração da indulgência, eu escuto
uma voz sedutora me dizendo baixinho:
"É! Já chega!"

Escute, preparando uma sobremesa que atrai os sentidos
sem arrebatar o corpo –
permitindo receber e carregar a doçura
com uma consiência generosa

O amor me chama no cheiro do chocolate
Como posso me permitir a plenitude
desse momento de maciez e doçura?

Como posso respeitar
tudo que meu corpo, mente e espírito desejam,
na consumação dessa refeição,
compartilhando com amigos,
esse dia de muitas consistências e sabores?

Torta de Banana com Chocolate***

400 gramas de tofu
3 c. sopa de melado,
ou malte de cereais
2-3 c. sopa de chocolate em pó
sem açúcar
2 c. chá de baunilha
2 c. chá de agar-agar em flocos
½ xícara de Leite de Amêndoa
(página 111, omitindo a maçã)
2 bananas picadas
3 c. sopa de coco ralado,
ligeiramente tostado
opcional: raspas de chocolate

Pique o tofu, coloque no liquidificador com o melado, o chocolate e a baunilha. Bata aos poucos, desligue e mexa ocasionalmente para bater melhor. Misture o leite com a agar-agar, leve ao fogo e deixe cozinhar por 8 minutos em fogo baixo numa panela tampada. Adicione essa mistura ao liquidificador e bata até obter um creme. Arrume as fatias de banana no fundo de uma forma refratária (para uma torta sem crosta), ou numa crosta pré-assada (Crosta de Aveia e Nozes ou Crosta Light, página 164). Alise o creme com uma faca e espalhe em cima o coco ralado e/ou raspas de chocolate. Deixe esfriar por uma hora antes de servir.

Musse de Damasco**

½ xícara de damascos secos
1 xícara de água
3 c. sopa de agar-agar em flocos
2 c. sopa de araruta dissolvida em ½ xícara de água
1 c. sopa de mel
1 c. sopa de tahini

VARIAÇÃO:
Para ficar mais saboroso e mais encorpado, dobre a quantidade de damascos.

Leve os damascos ao fogo com a água e agar-agar e deixe ferver em fogo baixo, com tampa, por 10 minutos. Dissolva a araruta na água fria e adicione ao damasco, mexendo bem até engrossar. Leve tudo ao multiprocessador ou liquidificador, adicione o tahini e o mel e bata até ficar cremoso. Derrame numa tigela rasa ou em taças de sobremesa para esfriar. Enfeite com sementes ou amêndoas tostadas.

Chocolate de Azuki da Bia Moraes*[1]

250 gramas de feijão azuki
250 gramas de ameixas pretas
75 gramas de tahine
castanhas-de-caju torradas e picadas
sal

Cozinhe o azuki por 2 horas, jogando água fria aos poucos, e no final do cozimento, ponha uma pitada de sal. Enquanto isso, deixe as ameixas de molho em água morna, tire os caroços e leve ao fogo para fazer uma pasta; junte uma pitada de sal também. Bata essa pasta no liquidificador com o azuki e devolva ao fogo, mexendo sempre até dar ponto (mais ou menos 2 horas). No final, acrescente o tahine. Sirva com castanhas-de-caju em cima.

[1] Receita do livro – *Sem Acúcar, Com Afeto*, Sonia Hirsch, www.correcotia.com.br

Chapate de Arroz Feito em Casa*

Você está sentindo um desejo enorme de comer doces nesse exato momento?

Chapate de Arroz, um quitute tradicional no Ano Novo japonês feito de arroz moti glutinoso, talvez seja exatamente do que você está precisando para trazer seus desejos gentilmente de volta à terra.

Chapate de arroz é deliciosamente grudento, feito para mascar e com um sabor levemente doce. Mais do que qualquer outro alimento, eu dou crédito ao chapate por me trazer essa satisfação que vem dos cereais integrais libertando-me desse desejo sem fim por coisas doces. (Eu cresci tomando sorvete quase todas as noites depois do jantar e escondendo biscoitos de chocolate debaixo da cama...)

Fazer Chapate de Arroz é uma experiência pra ninguém botar defeito. Eles me fazem lembrar aquelas deliciosas formas de pão de queijo saindo do forno, explodindo de quentes... Em ocasiões especiais eu gosto de juntar amigos na cozinha e compartilhar esse divertimento com eles:

Receita Caseira de Chapate de Arroz:

2 xícaras de arroz moti
2 1/8 xícara de água
1 pitada de sal

Para decorar:
Passas, canela
Sementes de abóbora
Sementes de gergelim
Sementes de girassol

Se você está *mesmo* querendo quebrar o hábito de comer doces, decore com feijão azuki – surpreendentemente delicioso.

Lave e escorra o arroz. Cozinhe-o na panela de pressão, começando em fogo baixo por 30 minutos. Então aumente o fogo e deixe pegar pressão. Abaixe de novo o fogo para cozinhar, coloque um dispersador de chama debaixo da panela e deixe cozinhar por mais 20 minutos. Apague o fogo, deixe a panela esfriar. Quando a pressão acabar, abra a panela.

Junte os seus amigos na cozinha e coloque o arroz, ainda quente, num suribachi. Passando o suribachi de mão em mão, cada um participa um pouco amassando o arroz, até ele virar uma massa cremosa e grudenta. Quando todo mundo con- cordar que está bom (quanto mais cremoso melhor), acenda o forno.

Faça bolinhos como pão de queijo e aperte para ficar um pouco achatado. Decore-os, então leve ao forno quente por 20-30 minutos, até eles explodirem e ficarem crocantes em cima. Coma quentinhos!

A Comilança do Canário

"Ser Sensível Tem as Suas Recompensas"

Nos velhos tempos da mineração, nos EUA, os mineiros carregavam com eles um canário na gaiola, quando começavam a escavar à procura de ouro... Se o canário desmaiasse, eles sabiam que não era seguro ficar na mina.

Nos dias de hoje, muitos de nós têm grande sensibilidade aos efeitos dos alimentos... como os canários nas minas, nossos corpos estão dando sinal de alerta para toda a sociedade, nos avisando de que precisamos parar de minerar as riquezas da Mãe Natureza de forma destrutiva, poluindo o meio ambiente, nosso suprimento de alimentos e nossos corpos...

Quanto mais você se deleita com as sobremesas gentis deste capítulo, mais provável será que você se torne sensível – como o canário – aos efeitos dramáticos e prejudiciais à saúde das sobremesas extremas. Essa sensibilidade pode ser assustadora algumas vezes, mas também muito gratificante.

Especialmente quando você descobrir que existem mais e mais canários como nós para todo lado!

Você gostaria de informar os seus amigos e familiares a respeito do poder de diferentes formas de doces? Experimente isso... planeje uma Comilança do Canário. Peça-os para serem os provadores oficiais das sobremesas, nessa ordem:

Torta de Abóbora (levemente doce)

Musse de Damasco (um pouco mais doce e com sabor de fruta)

Bolo Condimentado da Vovó (Ah! Doce e rico)

Convide todos a perceberem como se sentem depois de provar cada uma dessas sobremesas... Então, traga a experiência para a terra preparando juntos uma fornada de Chapate de Arroz (ou tenha a massa preparada com antece- dência). De novo, percebam como se sentem. Encoraje-os a falar sobre os diferentes efeitos nos sentidos.

Quando você convida outras pessoas para juntos explorarem suas sensibilidades, o prazer de dividir essa percepção talvez até supere a extravagância de comerem tantas sobremesas!

9 Festas e Celebrações

Parabéns! Mudar hábitos alimentares não é fácil. E se as mudanças foram grandes ou pequenas, de qualquer forma, você merece relaxar e se recompensar, junto com familiares e amigos, com um fabuloso "banquete".

Como pode ser isso, relaxar e preparar um banquete ao mesmo tempo? Se você é uma pessoa sensível, provavelmente se sentirá ansioso e nervoso ao introduzir novos alimentos à sua família e amigos – especialmente em feriados e celebrações. E, você não está sozinho se a idéia de fazer hora extra na cozinha nessas ocasiões especiais não lhe agrada.

Três estratégias para ajudá-lo a se despreocupar e aproveitar a ocasião...

1. Faça tudo artisticamente simples
2. Ou para um esplêndido banquete, planeje cozinhar junto com seus amigos
3. Divirta-se com a idéia de ser diferente

Artisticamente Simples

Pense no mínimo. Qual tipo de comida simples mais lhe agrada? Quais pequenos prazeres você adoraria compartilhar com seus amigos? Um simples toque de arte numa celebração pode fazer todo mundo mudar de idéia sobre o que é possível fazer com alimentos naturais. Achar aquele sabor pode ser muito divertido. (Vire a página para encontrar algumas das minhas receitas fáceis de sucesso para festas e feriados.)

Refeições Artísticas, e Fáceis, para Comemorar

Para um Aniversário (cada convidado traz um prato)	**Comentários**
BOLINHOS DE ARROZ COBERTOS COM GERGELIM (Deliciosas bolas de arroz integral cozido na pressão, enroladas na mão e cobertas com semente de gergelim tostadas.)	"Que novidade!" "Só arroz? É tão delicioso!"
Para um Jantar de Reunião de Família	
Uma ABÓBORA KABOCHA cozida no vapor, amassada com canela, enfeitada com nozes tostadas e aquecida no forno.	"Mas é tão doce!" – meu primo e minha cunhada ficaram surpresos que não tinha nenhum açúcar. Eu fiquei orgulhosa de lhes dar uma receita tão simples.
Para uma Festa de Salgadinhos	
TIRAS DE TOFU ASSADO temperado no molho de shoyu, suco de gengibre e um pouquinho de vinagre e óleo de gergelim tostado	"Isso é muito gostoso..." "Quem fez este prato?" "O que é isso?" "Eu não sei o que é isso, mas é uma delícia!"

Para inventar seu próprio prato, pare e use a imaginação:

Uma textura que derrete na boca, um aroma que conforta e estimula. Os sabores mais frescos e doces da estação.
Uma forma divertida.
Um nome especial.

Coordenando uma Festa

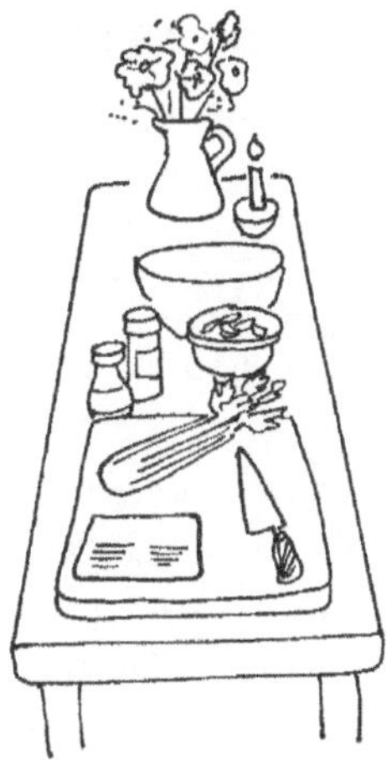

Está com desejo de fazer uma festa que o ajude a amenizar as diferenças e o coloque mais próximo dos seus parentes e amigos? Aqui estão as instruções para fazer isso acontecer... primeiro pare, e pergunte a você mesmo:

"Que tipo de energia quero criar na cozinha?"

Calorosa, clara e tranquila? Espontânea, iluminada e divertida? Deixe as respostas pipocarem por elas mesmas no seu tempo. Então, recrute os ajudantes que se mostrarem empolgados. Aqui estão algumas idéias para ajudá-lo a fazer isso.

(Um conselho para ter ajudantes alegres... Espere por eles com os ingredientes e as ferramentas arrumados na mesa de forma graciosa e artística, como se estivesse servindo a mesa para o jantar. Isso faz com que a arte de cozinhar seja muito mais apreciada.)

Planejem Juntos

Com um amigo, decida o tipo de energia e cardápio que você quer. Então, peça a cada convidado para trazer um prato apropriado para o tema escolhido. Essa é uma idéia maravilhosa para jantares internacionais ou Natal.

Cozinhem Juntos

Para um banquete de luxúria, com pratos compatíveis como purê de painço, recheios, cremes, tofu assado, e musse de damasco... prepare ingredientes especiais com antecedência (como arroz para recheios). Então, convide a galera para se encontrar mais cedo e cozinhem juntos em grupos. As regras do jogo... Provem enquanto cozinham até os dois cozinheiros estalarem a língua e dizerem "Uau! Hummm! Bom demais!" Procure voluntários para lavar a louça antes de servirem a mesa!

Comemore o Fato de Estarem Comendo Juntos

Um momento respeitado em muitas culturas... comece a refeição comendo um prato de forma ritualística – como um símbolo da ocasião. Conte uma estória. Realmente sinta a união entre cada um na mesa.

Finalmente, Tire um Tempo Para Você

Antes de cozinhar... dê uma corrida em volta do quarteirão ou dance na cozinha. No meio da festa... dê uma paradinha de 10 minutos e relaxe, tire uma soneca! Quando tudo acabar... tome uma xícara de chá ou cante uma canção no escuro.

Celebrando as diferenças

É preciso ter coragem para assumir suas diferenças (mesmo que todos se sintam diferentes por dentro). Assuma-as, porque quando se arriscar a cozinhar refeições saudáveis em festas e celebrações sociais, elas irão aparecer.

Assustador? Se você ficar simplesmente lamuriando sobre isso, suas escolhas de comida vão se tornar um ponto de atenção desconfortável. Mas existe uma outra opção, muito mais tentadora...

Você pode usar seus novos hábitos alimentares como um trampolim para divertimento, para aproximá-lo dos seus amigos e familiares. Seja leve ou profundo. Ria de você mesmo. Cante uma música ou leia um poema sobre você e os alimentos. Da sua maneira mágica, ajude todo mundo a celebrar uma coisa que todos nós temos em comum... como cada um de nós se sente diferente.

Ao mesmo tempo, cozinhe para se alimentar (faça comidas de nomes convidativos, com aparência agradável e que tenham um sabor que o satisfaça). Você talvez se surpreenda ao ver quantas pessoas vão pedir para provar ou para repetir. Deixe-me contar uma estória sobre isso.

Um Natal Diferente

Num certo Natal, Rich e eu começamos nossa ceia de uma forma pouco convencional... Passando duas tigelas de mão em mão em volta da mesa, num círculo de amigos. Primeiro, foram as fatias de rutabegas frescas cozidas no vapor (um vegetal do "Velho Mundo", parecido com nabo redondo, mas ligeiramente adocicado). Então, passamos a outra tigela com um molho cremoso de tofu, bem convidativo.

"Amigos", eu disse, "essas são rutabegas. Por favor, pegue uma fatia e segure-a enquanto homenageamos esse estranho alimento". Linda começou a rir. "Eu sei que essa é uma maneira diferente de começar a ceia de Natal. Mas esse é o objetivo. As rutabegas têm o direito de ser diferentes... Tão diferentes que o Rich não consegue se lembrar do nome delas..."

(continua...)

"Por dois anos, toda vez que eu cozinhava rutabegas, o Rich pegava uma fatia e dizia: 'O que é isso?' Agora ele não só gosta delas como as cultiva..." Eu me virei para o Rich com um brilho em meus olhos.

"Nós lhes oferecemos essas rutabegas que vieram da nossa horta...", disse o Rich, "como um símbolo do nosso agradecimento pela nossa amizade em crescimento. Especialmente por vocês serem abertos o bastante para junto conosco serem 'apenas' um pouco diferentes. Nós *gostamos* disso em vocês todos". Mais risadas. E olhos brilhando.

"Mas aqui está o patê de tofu!", eu disse. "Mergulhe a fatia da rutabega o quanto quiser e delicie-se com o sabor que você conhece. A cremosidade que faz a diferença mais aceitável e amigável." As tigelas passaram de mão em mão em meio a sorrisos e risadas... e momentos impregnados de silêncio.

"Ah", disse Linda. "Isso é uma delícia." Nós sorrimos. As tigelas passaram em volta da mesa duas vezes e todos os pedaços desapareceram num minuto. Alguém, não me lembro quem, disse: "Eu nunca tinha comido uma rutabega antes... é meio doce, né?" E então nosso Natal começou.

Em Resumo

Mantenha a arte e a simplicidade. Arrisque-se a fazer o que o seu coração pedir. As chances serão de que você crie um clima tão interessante e divertido na cozinha que sua família e amigos vão se oferecer para ajudá-lo a organizar outro banquete.

As receitas a seguir me fazem lembrar da minha infância e das festas de família... Espero que você goste delas também!

Receitas:

Hambúrguer e Molho
Hambúrguer de trigo sarraceno
Creme de gergelim
Hambúrguer de arroz ou painço
Maionese de tofu
Creme de feijão preto

Surpreendentemente Italiano
Falso molho de tomate
Creme de tofu
Pizza de tofu
Lasanha de tofu

Saladas Festivas
Salada crocante de repolho com aneto
Salada de arroz "Casadinha"

Banquetes Comemorativos
Creme de arroz integral
Recheio saboroso
Purê de painço

Bolo de Fubá
Como pudim de pão da mamãe

Hambúrgueres e Cremes

Hambúrgueres de Trigo Sarraceno

1 xícara de trigo sarraceno cozido
1 ½ xícara de grão-de-bico cozido
1 talo de salsão picado fino
2 c. de sopa de salsinha picada
1 cebolinha verde picada
½ c. de chá de manjericão
½ c. chá de thyme
½ xícara de torrada de pão esfarelado
1 c. chá de shoyu
½ xícara de água
½ c. chá de óleo de gergelim tostado

Amasse o grão-de-bico até ficar cremoso. Adicione todos os outros ingredientes e bastante água para umedecer, de forma que a mistura fique molhada mas não muito grudenta. Faça bolinhos achatados (hambúrgueres). Coloque numa forma untada e leve ao forno quente por 25 minutos ou até os hambúrgueres ficarem um pouco crocantes.

Sirva com Creme de Gergelim.

Creme de Gergelim

1 xícara de água
1 c. sopa bem cheia de araruta
2 c. sopa de sementes de gergelim
2-3 c. chá de shoyu

Toste as sementes de gergelim numa frigideira grossa, mexendo sempre em fogo médio até elas cheirarem tostadas e quebrarem facilmente quando apertadas entre os dedos. Dissolva a araruta em água fria e então misture todos os ingredientes e leve ao fogo. Mexa até engrossar.

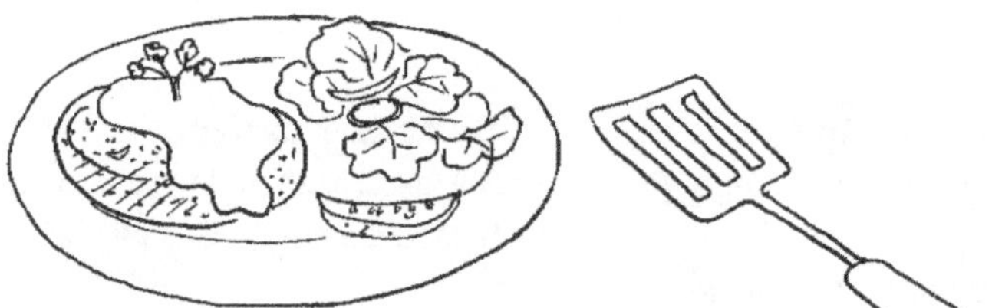

Hambúrguer de Painço

3 xícaras de painço cozido*
1 cenoura ralada fina
1 cebola picada
1 dente de alho picado
1 c. chá de óleo de gergelim
¼ xícara de torrada de pão, esfarelada
3 c. sopa de semente de gergelim tostada
1 c. sopa de shoyu
¼ c. chá de thyme ou orégano
¼ xícara de salsinha picada

* 1 xícara de painço seco faz 3 xícaras... veja a receita na p. 33

Esta é uma maneira maravilhosa de introduzirir painço para alimentação das crianças e convidados.

Refoge rapidamente a cenoura, o alho e a cebola. Tampe e cozinhe em fogo baixo por 5 minutos. Coloque a cenoura e os outros ingredientes numa tigela e misture bem. Faça 6-8 hambúrgueres. Se estiver muito quebradiço, adicione um pouco de água para dar mais liga. Coloque numa assadeira e leve ao forno quente por 40 minutos ou até começar a ficar crocante. Ou, para economizar tempo, coloque tudo numa assadeira e asse como um bolo.

Sirva os hambúrgueres com todos os complementos... Maionese de tofu, mostarda, picles, etc. num pão integral ou sírio. Incremente o bolo com um substancioso Creme de Feijão Preto ou Creme de Gergelim.

Maionese de Tofu

250 gramas de tofu
¼ xícara de água
2 c. chá de óleo de gergelim ou azeite
1 c. sopa de suco de limão
1 c. sopa de vinagre de arroz
1 c. sopa de missô (claro)
aneto (opcional)

Fatie o tofu e cozinhe-o no vapor por apenas 3 minutos. Bata no liquidificado todos os ingredientes até obter um creme homogêneo. Pode ser guardado na geladeira por 2-3 dias (se separar, bata de novo no liquidificador).

Creme de Feijão Preto

1 xícara de feijão preto cozido com gengibre
água
1 cebolinha verde
1-2 c. chá de shoyu

Facílimo e delicioso! Reaqueça o feijão. Misture e adicione água o bastante para ficar cremoso. Adicione a cebolinha verde, picada fina, e o shoyu para temperar. Cozinhe por alguns minutos para misturar os sabores.

Surpreendentemente Italiano

Mama Mia, qual será a próxima? Espaguete sem tomate... pizza de tofu? Esses pratos italianos baixos em estresse são um verdadeiro presente para pessoas que querem evitar as solanáceas ou os queijos com alto teor de gordura.

Falso Molho de Tomate

Molho Básico

6 cenouras
1 beterraba pequena ou, 6 xícaras de abóbora butternut picada
1 cebola grande picada em 4
1 talo de salsão picado
1 folha de louro
1 ½ xícara de água

Os Sabores e as Delícias

3-4 dentes de alho
1 cebola picada pequena
1-2 c. chá de azeite ou óleo de gergelim
1 c. chá de manjericão ou thyme
1 c. chá de orégano
¼ xícara de salsinha picada pequena
2 c. sopa de missô ou shoyu
2 c. sopa bem cheias de araruta dissolvida em ½ xícara de água fria

Use as cenouras e a beterraba para dar a cor avermelhada ao molho. Para um molho alaranjado de sabor mais delicado e doce, experimente abóbora.

Coloque os ingredientes do *Molho Básico* numa panela de pressão. Leve ao fogo e deixe cozinhar por 20 minutos, na pressão. Ou cozinhe numa panela comum por 30 minutos. Bata no liquidificador. Adicione água, se necessário, para uma textura de molho de tomate.

Refoge o alho, a cebola e as ervas por 5 minutos. Adicione o seitan ou os cogumelos (opcionais) e refoge por mais 10 minutos. Então, adicione o molho e deixe ferver. Tampe e cozinhe por 10 minutos em fogo baixo para misturar os sabores. Tempere com missô ou shoyu. Adicione a araruta e mexa até engrossar e brilhar.

Para Sabor e Textura de Carne, Adicione: 1 xícara de seitan picado ou 1 xícara de cogumelo refogado

Molho de Tofu (Ricota)

2 c. chá de azeite ou óleo de gergelim
2 cebolas, 4 dentes de alho
½ kilo de tofu
2 ou 3 c. sopa de shoyu
½ xícara de água
½ c. chá de manjericão
½ c. chá de orégano
1 c. sopa de salsinha picada

Esquente o óleo, refoge a cebola e o alho. Pique o tofu em cubos. Adicione o tofu, a água, o shoyu e as ervas à panela. Tampe e deixe cozinhar em fogo baixo por 15 minutos. Para uma textura cremosa e com pedaços de tofu, bata metade no liquidificador e amasse a outra metade. Use em lasanha ou pizza, alternando com camadas de Falso Molho de Tomate. Ou simplesmente sirva com macarrão cozido.

Pizza de Tofu

A Massa

2 ¼ xícara de farinha integral
¾ xícara de água
¼ c. chá sal marinho
1 c. chá de azeite

Aqueça a água e dissolva o sal. Misture o óleo e acrescente a farinha até formar uma massa. Amasse 300 vezes ou até obter uma massa uniforme. Deixe descansar por várias horas num lugar quente, coberto com uma toalha molhada. Então, abra a massa numa assadeira grande untada e acrescente o recheio:

O Recheio

Espalhe uma camada grossa de Falso Molho de Tomate em cima da massa, então adicione o Molho de Tofu (Ricota). Se quiser, adicione um pouco de parmesão ou mussarela ralada, então coloque um dos recheios, à sua escolha. Asse em forno quente por 30-40 minutos ou até começar a fazer bolhas.

cogumelos
pimentão verde
cebola picada
seitan
para uma idéia – adicione alga arame ou hijiki cozida!

Lasanha de Tofu

Faça dois molhos (Falso Molho de Tomate e Tofu Ricota). Unte uma forma de 30 cmx25 cm e coloque os molhos alternando camadas com lasanha de farinha integral. Acrescente a gosto: cogumelo, tempê e/ou verduras cozidas. Cubra com o molho de tofu ou um pouco de queijo parmesão. Asse em forno quente por 30-40 minutos ou até começar a formar bolhas.

Saladas Festivas

Repolho Crocante com Aneto

½ repolho pequeno
1 maço de agrião
½ cenoura pequena
vinagre de arroz
shoyu
sementes de abóbora ou de
girassol tostadas
aneto

Pique o repolho em quadrados pequenos e acrescente o agrião picado pequeno. Corte a cenoura em tirinhas e repique-as para fazer "confetes".

Jogue os vegetais em água fervendo para escaldar por 1 a 2 minutos – só para que eles fiquem mais macios, mas ainda crocantes e coloridos.

Escorra e deixe esfriar. Misture ass sementes e tempere com mais ou menos uma colher chá de vinagre e shoyu. Acrescente aneto à vontade ou outra erva à sua escolha.

Salada de Arroz "Casadinha"

4 xícaras de arroz integral cozido
½ xícara de cada um dos vegetais
cozidos no vapor: cenoura
couve-flor
vagem
½ xícara de salsão cru
½ xícara de salsinha picada
½ xícara de amêndoas tostadas
250 gramas de caranguejo ou camarão

Forme casais com os vegetais cortando-os de forma compatível. Combine todos os ingredientes e misture tudo com o molho. Para melhor sabor, deixe descansar por algumas horas antes de servir.

Molho:

2 c. sopa de óleo de gergelim
2 c. sopa de água
2 c. sopa de vinagre de arroz
2 c. sopa de suco de limão
1 dente de alho
1 c. sopa de shoyu
½ colher chá de manjericão
1 c. chá de orégano

Banquetes de Festas e Comemorações

Qualidades Especiais	O Jeito Antigo	O Novo
Consistente e tostado	presunto peru carne de boi batata	pães com cereais, feijão e vegetais frango peixe assado seitan abóboras e raízes grelhadas nozes e sementes tostadas nozes portuguesas
Cremoso e amanteigado	purê de batata purê de painço sopas com manteiga creme branco requeijão cremoso maionese	sopas cremosas com aveia cremes com óleo de gergelim ou tahini patês de tofu e molhos de saladas com tofu
Doces e coberturas	salada de fruta com gelatina doces açucarados coberturas com açúcar, mel e gorduras	gelatina com agar-agar abóbora assada com canela coberturas com malte de cereais/missô óleo de gergelim
Molhos	molhos de carne	molhos com cogumelos ou cebolas molhos com araruta ou feijão
Ornamentos	glacê cores artificiais balas	sementes e nozes tostadas passas arranjos ornamentais de vegetais frutas

Creme Marrom

6 c. sopa de farinha integral
2 c. sopa de óleo de gergelim
½ cebola cortada fina
ou, 6 cogumelos picados
2 xícaras de água
ou caldo para sopa
½ c. chá de raspas de limão
1 colher chá de manjericão
1-2 c. sopa de shoyu

Toste a farinha de trigo numa frigideira grossa em fogo baixo até sentir sentir o cheiro de tostado, mas sem deixar ficar marrom. Numa caçarola, aqueça o óleo e refogue a cebola ou os cogumelos. Adicione a farinha de trigo e cozinhe por 5 minutos em fogo baixo, mexendo de vez em quando. Acrescente a água e mexa. Adicione as ervas e o shoyu. Abaixe o fogo e coloque um dispersador de chama debaixo da panela, tampe e deixe cozinhar lentamente por 20 minutos. Prove e ajuste o tempero. Para o molho ficar bem cremoso, bata-o no liquidificador.

Purê de Painço

2 xícaras de painço
1 couve-flor pequena
(aproximadamente
2 xícaras)
mais água para amassar
¼ c. chá de sal marinho
5 xícaras de água

Toste o painço rapidamente (veja receita básica na pág. 35). Leve a água ao fogo, quando ferver adicione o painço a couve-flor e o sal. Tampe e deixe cozinhar em fogo baixo por 25 minutos. Bata tudo rapidamente num multiprocessador ou amasse bem para formar um purê. Adicione água se necessário para uma consistência semelhante ao do purê de batata.

Creme de Seitan com Cogumelo

2 cogumelos shiitakes (secos)
de molho em 1 ½ xícaras
de água
2 pedaços de seitan*
1 ½ c. sopa bem cheias de
araruta dissolvidas em
¼ xícara de água fria
shoyu a gosto para temperar

Deixe os cogumelos de molho por 1 hora. Pique-os (guarde os talos para sopas). Leve-os ao fogo com a água do molho, tampe e deixe ferver em fogo baixo por 15 minutos. Corte o seitan em tiras delgadas. Adicione-o ao cogumelo e deixe ferver por mais 5 minutos. Dissolva a araruta em água fria e misture ao caldo mexendo sempre até engrossar. Tempere com shoyu.

* SEITAN ... um produto feito de glúten de trigo, rico em proteína... ótimo em caldos e recheios.

Recheio Saboroso

Ingredientes Naturais para Recheios:

Com Sabor de Pão (Escolha 1 ou 2)

restos de pão integral
restos de torrada integral em pedaços
arroz integral cozido
arroz "selvagem" cozido
bolo de milho ou fubá

Saboroso e com Cheiro de Ervas (Escolha 3 ou mais)

cebolas refogadas em óleo de gergelim ou em óleo de gergelim tostado
salsinha fresca
manjericão
hortelã
alfavaca
alecrim
raspas de limão
missô ou shoyu

Com Sabor de Nozes (Escolha 1)

amêndoas tostadas
sementes de girassol tostadas
nozes tostadas
castanhas portuguesas

Molhado (Escolha 2 ou mais)

caldo de vegetais para sopa
suco de limão
salsão cozido no vapor
alho poró cozido no vapor
cogumelos refogados
seitan

3 Passos para Fazer um Recheio Saboroso (Diferente a Cada Vez!)

1) Escolha os seus ingredientes intuitivamente.
2) Prove à medida que cozinha e faça o recheio ligeiramente molhado: ele vai secar um pouco quando assado.
3) Asse em forma untada com tampa, em forno quente por meia hora. Mantenha tampado até a hora de servir.

Bolo de Fubá em Processo

Minha mãe costumava fazer o melhor bolo de fubá com consistência de pudim de pão. Nata de leite e mel, fermento e fubá. Eu me lembro que ela costumava derramar água fervente em cima do fubá.

Então comecei a experimentar. Um pouco disso, um pouco daquilo. Eu me lembro de ter feito mais de 30 fornadas de bolo de fubá, cada um diferente do outro. Ultimamente eles têm chegado perto daquele delicioso, dourado, bolo molhado e cheiroso, de minha memória.

Essa edição mais recente é sem trigo – para todos os meus amigos alérgicos a trigo – um brinde a *todos* os nossos sintomas temporários, em agradecimento às mudanças que eles nos faz em tomar.

2 ½ xícaras de água fervendo
1 e ¾ xícaras de fubá
½ xícara de farinha de cevada
(ou trigo integral)
¼ xícaras de farinha de arroz ou aveia
1 ½ xícara de painço cozido
1 ½ c. sopa de óleo de gergelim
¼ c. chá de sal marinho
½ xícara de água extra

Toste o fubá numa frigideira grossa em fogo baixo até cheirar adocicado. Coloque o fubá numa tigela e ponha a água fervente em cima, deixe descansar tampado por 10 minutos. Toste as outras farinhas. Misture tudo na tigela e adicione a água extra, se necessário, para uma consistência cremosa grossa. Unte uma forma e derrame a massa. Decore com sementes de abóbora. Asse em forno quente por 45 minutos.

Delicioso com manteiga de cenoura ou geléia de maçã.

10 Guia Prático

Dentro de você existe uma voz suave pronta para guiá-lo no caminho da saúde e da cura.

Ouça o seu corpo e a sua mente com bastante atenção e você perceberá que eles estão falando com você de mil formas diferentes. "Sim! Isso me faz sentir melhor." "Continue, você está chegando perto." Em outros momentos, eles gritam de protesto: "Não, pare! Você está saindo dos trilhos."

Sete anos atrás, quando comecei a cozinhar comida macrobiótica, "devorei" cada livro que encontrei sobre o assunto. Percebi muitas contradições. Mas elas me intrigaram. Senti-me mais entusiasmada a procurar pela minha própria verdade, inventando minhas próprias receitas, escrevendo minhas próprias regras. Então a essência da macrobiótica criou vida para mim e meus amigos.

Tudo mudou. Todos nós estamos diferentes. Juntos, somos influenciados por forças poderosas enquanto a maré abaixa e flui pelo universo. Cozinhar alimentos integrais conscientemente pode nos ajudar a equilibrar essas forças no nosso corpo e na nossa vida – dando-nos força, tranqüilidade e clareza de pensamento em direção a um mundo de paz.

Agora, o mundo está mudando muito depressa. Use o guia a seguir para ajudá-lo a manter o ritmo. Ele representa a sabedoria coletiva de muitos povos que intuitivamente adaptaram a dieta macrobiótica às suas necessidades do momento:

- ✓ Recuperar-se de pequenas doenças
- ✓ Perder peso
- ✓ Manter peso
- ✓ Limpar e reconstituir
- ✓ Alimentar crianças em crescimento

Então nos conte as suas reações. Suas descobertas são uma parte importante do todo.

Recuperando-se de pequenas doenças

Está se sentindo fatigado? Com a garganta doendo, nariz escorrendo, dor de cabeça, estômago embrulhado ou uma febrezinha? Provavelmente você pegou um vírus.

Mas lembre-se de que vírus são apenas uma pequena parte do Grande Cenário. Você tem o poder de mudar as condições internas que o fazem suscetível a doenças. E você pode começar hoje experimentando uma diretriz importante: Coma com Simplicidade.

Os alimentos simples, listados abaixo, ajudarão a limpar os seus intestinos e alcalinizar o seu sangue (a maioria das viroses florescem em intestinos parados e sangue em condição ácida devido ao hábito de comer muita gordura, açúcar e proteína).

Se possível, peça a um amigo para cozinhar para você. Descanse. Não se preocupe com horários de refeições. Confie no seu apetite, mesmo que ele seja pequeno.

Coma quando estiver com fome. Coma devagar... até se sentir calmo. Esqueça aquele sentimento familiar de que é preciso encher o estômago. Deixe espaço para respirar ar puro, oxigênio, e agradeça às árvores por provê-lo. (Saia de casa e abrace uma árvore, se se sentir com desejo de fazer isso!)

Enquanto digere a sua refeição simples, sente-se e relaxe. Use o Exercício de Cura a seguir para ajudá-lo a ouvir a sua voz interior e ativar seus recursos criativos internos de cura. Você vai ficar surpreso de ver como os vírus decidem ir embora rapidinho.

Coma com Simplicidade	E Diminua:
Sopa fácil de vegetais com missô e shoyu	laticínios e produtos animais
Cereais integrais cozidos	gorduras (nozes, óleos, sementes, etc.)
Pratos complementares de vegetais e algas	doces e temperos
Feijões à escolha (pequenas quantidades)	pães e produtos de farinha
Frutas cozidas (apenas se os sintomas são contrativos. Veja página 47)	cafeína e álcool
Chás apropriados e remédios caseiros (veja o Glossário de Alimentos que Curam, p. 207)	frutas tropicais
	solanáceas (batatas, pimentões, e berinjela)

Exercícios de Autocura

Visualize

1. Visualize cores curativas percorrendo o sangue... relaxando corpo e mente. Deixe-as acalmar membranas inchadas, diminuir congestão, levar acumulações para longe. Respire fundo.

   Gradualmente, deixe as cores se espalharem. Fique dentro delas. Mergulhe na sua luz. Imagine que agora elas estão iluminando áreas escuras da sua vida... na sua casa e no seu trabalho. O que muda?

   Veja-se curado. Na sua imaginação, estenda a mão e toque um amigo amado. Que diferença isso provoca?

   Então descanse, relaxe ainda mais profundamente... Sinta a energia curadora pulsar por todo seu corpo, renovando cada célula. Respire...

Desenhe

2. Faça um desenho de como você se sente. Inclua dores e desconfortos (rabisque!), inclua também qualquer sinal de que você está se recuperando. Use cores e formas que intuitivamente pareçam atrativas para você. Se um desenho não é o bastante, faça outro... e outro.... até se sentir satisfeito.

Escreva

3. Escreva uma estória, um poema ou palavras soltas que falem sobre um dia ideal, daqui a cinco anos. Inclua muitos detalhes. Agradeça aos seus sintomas por diminuírem o seu rítmo... e lhe permitirem sonhar grandes sonhos.

Compartilhe

4. Finalmente, converse com um amigo ou parente sobre seus insights de cura. Mostre os seus desenhos. Leia a sua estória. Boas estórias de curas medicinais crescem com mais poder quando são compartilhadas com alguém.

Para Perder Peso com Naturalidade

Na maioria das sociedades tradicionais antigas, as pessoas raramente eram obesas. Elas honravam o espírito sagrado existente em cada comida. Cozinhavam alimentos integrais da estação. E faziam muitos exercícios rigorosos, exigidos pelas atividades que tinham de desempenhar durante o ano, no seu estilo de vida auto-suficiente.

Em contraste, a maioria dos americanos sofre com a falta de um ritmo de vida saudável. E a maioria de nós está acima do peso.

Comemos quando não estamos com fome. Muitos de nós comem compulsivamente, buscando conforto e proteção contra o estresse da vida moderna. Comemos sozinhos, em pé, correndo; comemos alimentos ricos em gorduras, açúcar, sal e químicas. Fazemos dietas enquanto agüentamos. Então nos empaturramos de novo quando nos sentimos sozinhos, frustrados ou ansiosos.

Povos Magros em Culturas Tradicionais... celebravam cada nova estação com jejum, banquetes e danças. Isso não parece muito mais divertido do que fazer dieta de emagrecimento, farrear e se exercitar na academia?

Nem todo mundo que está acima do peso come com exagero. Anos de vida sedentária, combinados com hábitos alimentares pobres, comida desvitalizada, produtos químicos de baixa caloria, podem intoxicar nossos órgãos internos.Gradualmente, nosso metabolismo começa a trabalhar mais devagar e mesmo pequenas porções de alimentos ajudam a aumentar o nosso peso. Muito desencorajador!

Esse problema de aumento de peso da população é muito maior do que cada um de nós pode enfrentar sozinho. (Nos últimos 20 anos, o número de crianças americanas obesas dobrou.)

Essa é a razão pela qual, na pequena cidade onde vivo, meu marido Rich e eu decidimos, junto com o Dr. Stephen Banister e sua esposa Sharon, dirigir um programa holístico de desordens alimentares e controle de peso, chamado *Peso de Sucesso.*

Nesse programa, encorajamos nossos amigos e vizinhos a trabalharem juntos e ajudarem uns aos outros a explorar o Grande Cenário de fatores que contribuem para o ganho de peso e seu permanente controle.

Isto é o que descobrimos.

Perder peso e manter é o resultado natural da construção de um estilo de vida com relações interpessoais mais satisfatórias. Um estilo de vida com valores simples que vêm do coração e refletem nossas preocupações comuns: cooperação, interdependência, vizinhança, renovação da vida familiar, respeito pelos ciclos da natureza e amor pela mãe natureza.

Compartilhar esses valores com outras pessoas cria uma atmosfera na qual bons relacionamentos florescem. Nós ouvimos os problemas uns dos outros. Refletimos sobre o progresso que vemos. E ajudamos uns aos outros a quebrar rotinas compulsivas e hábitos alimentares que servem de contrapeso para essas rotinas. A alegria começa a pipocar para todos os lados. Espalha pela nossa família e amigos. E a energia que a princípio estava tão contida é libertada para ser usada com objetivos definidos em trabalhos gratificantes.

Olhando para trás agora, membros do grupo nem conseguem acreditar que eles um dia pensaram que apenas comer as coisas certas seria o bastante. Para alguns membros, o fator mais importante para manter o peso perdido inclui clareza emocional e foco espiritual. Para outros, uma dieta natural balanceada tem sido impagável, fazendo com que seja possível que eles se sintam leves, com clareza e em paz em seus corpos como nunca antes lhes fora possível.

O Guia para um corpo em forma que se segue emergiu da experiência desse grupo de pessoas. Por favor, comunique-se conosco dizendo-nos como esse guia funciona para você (nós agradecemos e valorizamos a sua experiência para futuros textos).

Mas antes de corrermos para a próxima página... Diminua a velocidade e considere um fator importante. Raramente alguém tem sucesso atacando problemas de peso sozinho. Pense por um momento. Quem poderia se unir a você? Estenda a mão, pegue o telefone e fiquem leves juntos.

O Estilo de Vida da Dieta Iôiô

1. Trabalhe duro
2. Obtenha sucesso rápido
3. Faça refeições em pé
4. Use o dinheiro e o tempo economizado e... compre e leia mais livros de "Como Reduzir o Estresse"
5. Exercite-se freneticamente (ou sem concentração)
6. Quando essa rotina começar a pesar em você, FAÇA DIETA!
7. Então, volte ao número 1 e repita o ciclo de novo, interminavelmente.

O Guia para um Corpo em Forma

1) Variedade de cereais
2) Vegetais gostosos e frutas locais
3) Refeições pobres em gorduras e proteínas
4) Alimentos especiais de limpeza todos os dias
5) Seja imperfeito – ame-se com agrados
6) Tenha a ousadia de ser você mesmo – coma o que é melhor para você

---

1) Variedade de cereais

Escolha cereais de fácil digestão e mastigue-os bem... arroz integral, painço, cevadinha, triguilho ou trigo sarraceno. Para variar, cozinhe arroz com trigo em grão, cevadinha ou arroz moti. Milho verde da estação (amasse umeboshe e passe no milho cozido no lugar da manteiga para um sabor surpreendente). Mas diminua a aveia – ela tem altos teores de gordura.

2) Vegetais gostosos e frutas locais

Substitua as saladas sem graça e os vegetais cozidos no vapor por:

✓ Sopas cremosas de vegetais, sem laticínios (cozinhe a sopa e bata no liquidificador)
✓ Vegetais coloridos cozidos rapidamente
✓ Abóboras adocicadas assadas
✓ Arroz e saladas de vegetais (com limão, vinagre e shoyu)
✓ Vegetais chineses com gengibre
✓ Salada crocante e refrescante de vegetais escaldados

Vegetais que dissolvem gorduras: Coma um ou mais desses vegetais todos os dias... rabanete, nabo comprido, nabo redondo, cebola, cebolinha verde, alho poró ou cogumelo shiitake. (Veja o condimento de nabo para perda de peso, p. 208.)

Verduras de folha verde-escuro: Coma-as 2 a 3 vezes ao dia... elas são ricas em sais minerais e maravilhosas para melhorar o metabolismo (experimente couve, mostarda, agrião, almeirão, folhas de nabo, etc.).

Frutas locais: Aproveite as frutas da estação para agradar ao paladar de vez em quando... maçã, mamão, melancia, morango (orgânico), etc. Mas para diminuir a fissura por açúcar e evitar os quilos extras produzidos por ele, coma menos frutas e mais vegetais.

3) Refeições pobres em gorduras e proteínas

Diminua o consumo de carne, ovos, queijos, manteiga, requeijões, leite, nozes, maionese (veja *Onde está a Gordura*, p. 55). Adultos têm suas necessidades de proteínas completamente supridas numa alimentação à base de cereais e vegetais incluindo, feijões, sementes e peixe. Tente essas proporções: ½ xícara de feijão cozido de 3 a 5 vezes por semana, 40 a 80 gramas de peixe ou tofu 1 a 2 vezes por semana e sementes tostadas ocasionalmente para lambiscar.

4) Alimentos especiais de limpeza

Algas Marinhas: Pequenas porções todos os dias ajudarão a limpar o sangue, tonificar os intestinos e prover vitaminas e minerais para melhorar o metabolismo.

Raíz de Bardana: Coma de 2 a 3 vezes por semana para limpar o sangue e ajudar a aumentar a força de vontade (veja p. 208).

5) Seja imperfeito - ame-se com agrados

Precisa de um sabor rico? Faça um molho cremoso de Tahini. Espalhe um pouco de queijo na Lasanha de Tofu. Ou refogue seus vegetais favoritos em óleo de gergelim e shoyu.

Está com Fissura para comer Açúcar? Ame-se abertamente ao invés de comer chocolate escondido. Faça uma pequena fornada de Cookies (bolachas) de Aveia com Passas ou Maçãs Assadas. Seja impuro. saboreie a sua natureza humana.

6) Tenha a ousadia de ser você mesmo - coma o que é melhor para você

Cada pessoa é diferente. É preciso desamarrar os nós e liberar o amante que existe dentro de você? Pare de comer amendoins e nozes e abra-se para verduras e vegetais que dissolvem gorduras. Se, ao contrário, um amigo precisa ganhar força de vontade para largar o açúcar e passar num concurso... fale com ele para comer mais arroz integral, feijão azuki, raízes e guloseimas feitas em casa. Estude a *Tabela de Rítmos para um Corpo em Forma.* Ajudem-se mutua- mente para encontrar o que é melhor para cada um.

Ritmos para um Corpo em Forma...

Proporções diárias

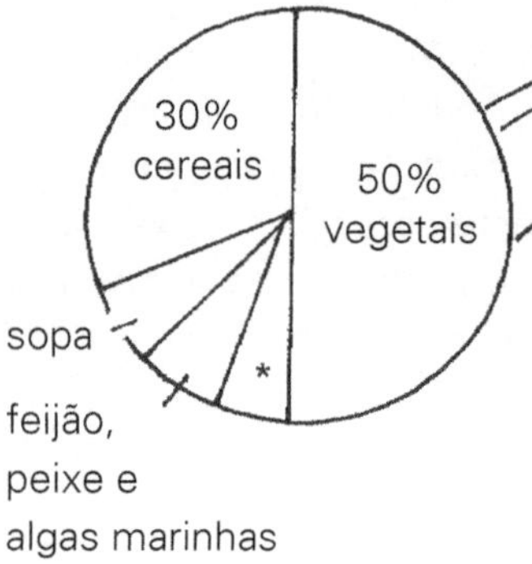

Extra Light

Coma essas refeições leves e de limpeza quando se sentir pesado, inchado, frustrado, ou empacado...
Mas deseja se sentir mais livre e criativo.

- Vegetais e verduras da estação, cozidos rapidamente
- Porções complementeres de cereais leves: (painço, macarrão, milho, etc.)
- Mais verduras de folha, saladas e vegetais de verão
- Proteínas leves: lentilhas, hummus, tofu, peixe, sementes de gergelim, etc.
- Menos sal, missô mais claro
- Um pouco de alga marinha todos os dias
- * Guloseimas refrescantes: frutas locais, suco de maçã ou cenoura, batata-doce cozida, gelatinas de agar-agar, etc.

Lembre-se, o seu apetite oscila naturalmente com suas mudanças de humor, então, é importante mudar a sua dieta para perda de peso, de acordo com como você se sente a cada dia. Escute o seu corpo. Aprenda a confiar nas dicas que ele lhe dá. E preste atenção nos ciclos da Natureza.

Mais aterrado

Coma essas refeições de baixo teor de gorduras, elas o ajudarão a se aterrar quando estiver se sentindo fragmentado, nas nuvens, oprimido, fraco... Ou a qualquer hora que você precisar de mais força de vontade e energia.

- Cereais integrais (painço, arroz integral, etc.)
- Porções complementares de vegetais (cozido, a maioria das vezes)
- Mais raízes, verduras e abóboras de inverno
- Proteínas mais substanciosas: feijão azuki ou preto, peixe, sementes de abóbora, etc.
- Tempere com um pouco mais de sal, use missô mais escuro
- Um pouco de alga marinha todos os dias
- *Guloseimas para aterrar: Abóbora Assada, Pudim Cremoso de Arroz, Chapate de Arroz, Creme de Maçã, etc.

Proporções diárias

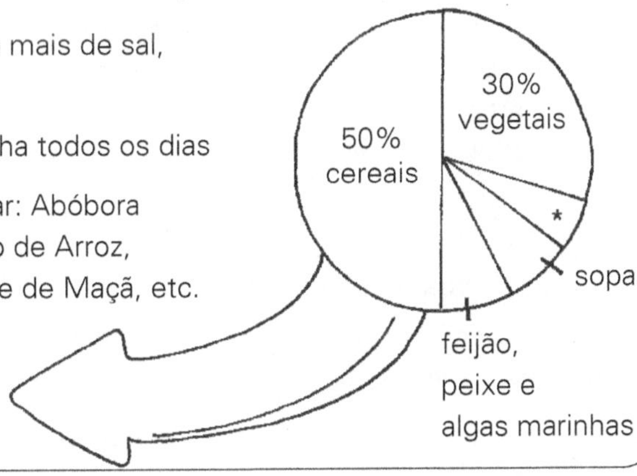

... As fases da lua (cheia e nova), menstruação e ovulação, calor e frio, tudo isso afeta nosso humor e apetite. Comece a prestar atenção no que o seu corpo precisa durante cada um desses ciclos, para manter o equilíbrio. Qual desses dois tipos de refeição é mais apropriado para você hoje?

Para Manter o Peso

Está se sentindo muito magro? Está com medo de perder mais peso?

As chances são de que a sua preocupação com o seu peso seja apenas um sintoma de uma agitação que existe dentro de você... uma tensão nervosa que pode interferir com a assimilação de alimentos e que queima as calorias assim que você as ingere.

Alimentos podem curá-lo. Mas apenas se você está disposto a deixar de lado a preocupação constante do que comer e do quanto comer. Traga a sua atenção para como você come e como você usa sua energia, antes e depois de comer.

Para inspiração pense em Fred Astaire. Ele comia muito pouco. Normalmente apenas uma tigela de caldo de sopa de galinha depois de longas horas de ensaio. Mesmo assim, vendo-o movimentar-se calmamente pelos passos mais complicados de dança podemos observar a alegria e a leveza, podemos ver a energia centrada na área abdominal sustentando-o mais do que qualquer alimento seria capaz. Flutuamos com ele, sentindo nosso próprio potencial de ser leve e gracioso, alimentados indiretamente pela sua dança.

Não, eu não estou sugerindo que você sobreviva à base de dança e sopa de galinha, mas sim que você cozinhe e coma a maioria dos alimentos integrais buscando por aquela calma, sentimento de leveza e fluidez no seu estômago, antes e depois de cada alimentação. Deixe aquela paz interior se misturar com a comida para se tornar o combustível para sua criatividade e talentos únicos.

Se você está seriamente doente, isso talvez seja um motivo a mais para se preocupar com o que comer. Mas pergunte-se: preocupações e tensões são a base dos meus problemas? Se a resposta for positiva, os conselhos a seguir (associados com as recomendações do seu médico) podem ajudá-lo a relaxar com relação aos alimentos e se deixar ser nutrido de uma maneira completamente diferente.

Vivemos numa época em que precisamos aprender a habitar este planeta de forma mais ecológica e com mais leveza. Enquanto você relaxa com a sua aparência miúda, estabiliza o seu peso e limpa o seu corpo de toxinas, você pode se tornar um símbolo radiante do poder da leveza para todos nós. Nos inspire a deixar de lado o que não é essencial. Confiar no essencial. Obrigada pela sua coragem. Nós lhe agradecemos pela sua liderança.

Guia para Manter o Peso

1) Despreocupe-se

Pare de alimentar sua ansiedade por estar se sentindo magro. Corra de balanças. Receba uma massagem. Use o espelho apenas para se amar. Se você tem se empaturrado (ou comido quando não está com fome), pare e respire fundo. Elimine o desejo nervoso por coisas gordurosas como nozes, manteigas, requeijões – eles apenas criam uma camada nas paredes do intestino inibindo a absorção dos nutrientes de que o seu corpo precisa para manter o peso.

2) Coma quando estiver relaxado e com fome

Está sem tempo para relaxar e comer? Não é surpresa que o seu corpo se sinta desnutrido. Pare e observe o que está em desequilíbrio na sua vida. Precisa acordar cedo e fazer exercícios? Escutar música? Arejar o seu relacionamento com amigos e companheiros de trabalho? Faça isso antes de comer. Então, coma com todos os sentidos. Aprecie cada segundo da refeição, sem correria. Sinta o aroma, o sabor, as texturas e as cores. Mastigue e engula com ritmo. Sinta a refeição assentando delicadamente dentro de você. Então, quando se sentir seguro, peça a um amigo ou a alguém da família para comer com você, com o mesmo espírito.

3) Para aquecer e fortalecer, coma mais:

Arroz integral cozido na pressão
Arroz moti, painço, macarrão soba
Seitan ou tempê
Lentilhas, feijão azuki, fradinho ou preto
Cozidos e sopas saudáveis
Chapati de arroz (alimento tradicional para grávidas no Japão).

Raízes fortes (bardana, cenoura, cebolas, batata baroa)
Verduras (couve, mostarda, agrião)
Algas hijiki, arame, kombu
Opcional: peixe ou aves
Sementes e nozes ocasionalmente
Frutas locais cozidas ou assadas
Sobremesas de baixas calorias

4) Para irradiar paz, tranqüilidade e luz, coma mais:

Milho, fubá, aveia
Creme de arroz, cereais integrais
Panquecas, macarrões
Tofu, lentilhas, hummus, ervilha seca feijões fradinho e carioquinha
Pratos divertidos e saborosos (lasanha de tofu, burritos, vegetais refogados, etc.)

Vegetais da família do repolho e de verão (brócolis, couve-flor, repolho, brotos, ervilha fresca, vagem, salsão, etc.)
Saladas, mamão e frutas locais
Sementes tostadas, ocasionalmente
Pudins e gelatinas de algas

5) Ouça sua voz interior:

Sua calma voz interior sabe quando você precisa de mais comida. Pare e escute. Confie. Volte-se para seu interior e faça contato com o seu eu criativo, pedindo a ele para ajudá-lo a fazer uma refeição bonita, artística, convidativa e sagrada. Alimente a sua alma e o seu corpo e irá se sentir recebendo mais aquilo que ele precisa.

Para Limpar e Reconstituir

Está se sentindo com pouca energia, sufocado ou irritado?

Tentando compensar comendo um monte de bobagens?

É hora de parar e dar passos positivos para se renovar, antes de cair doente.

Comece ouvindo com atenção os sinais emitidos pelo seu corpo e pelo seu humor. Essa é a forma que a Natureza tem de lhe dizer quando os órgãos internos estão sobrecarregados e precisando de uma limpeza para se reconstituírem.

As dicas listadas abaixo são apenas algumas das milhares de dicas usadas na medicina oriental para diagnosticar os desequilíbrios internos que causam doenças.

Estude essa tabela e marque os sinais corpo/humor que você percebe com mais freqüência. Então leia as próximas cinco páginas para aprender como começar uma limpeza e como escolher os alimentos mais apropriados para as suas necessidades.

Lista para Conferir quais Órgãos Estão Sobrecarregados

ORGÃOS*	✓	SINAIS NO SEU HUMOR	✓	SINAIS NO CORPO
BAÇO-PÂNCREAS/ ESTÔMAGO		sentindo-se nas nuvens ansioso, preocupado supersensível variações de humor		nível de energia descontrolado desejo por coisas doces estômago doendo, embrulhado baixa resistência a infecções
PULMÕES/ INTESTINO GROSSO		triste e deprimido nostálgico parado cansado		fadiga nariz entupido, muco pele pálida gases, constipação, diarréia
RINS/ BEXIGA		desesperado confuso com medo inseguro		urina freqüente e clara ou rara e escura, dor nas costas (parte de baixo) baixa energia sexual bolsas debaixo dos olhos corpo frio
FÍGADO/ VESÍCULA BILIAR		impaciente frustrado com raiva criatividade bloqueada		dor de cabeça comendo demais olhos irritados ou vermelhos pele oleosa ou seca sem sossego de 11 da noite a 2 da manhã
CORAÇÃO/ INTESTINO DELGADO		superanimado não consegue relaxar tensão crônica trabalha compulsivamente		peito tenso e doendo dor nas costas (entre os ombros) pressão alta pele vermelha

* Na medicina oriental, cada par de órgãos listados acima tem função complementar, equilibrando-se mutuamente (veja Muramoto, *Healing Ourselves*).

Como Começar uma Limpeza

1) A Hora Certa

Primeiro, sente-se em silêncio e pergunte-se: será que essa é uma boa hora para começar uma limpeza? Não espere que a resposta apareça imediatamente. Deixe imagens flutuarem na sua cabeça. Esteja atento para sensações corporais inusuais.

Você talvez se sinta enjoado quando vê a lata de lixo transbordando ou apavorado quando vê os extratos de banco em cima da escrivaninha sem conferir. Se esses sentimentos aparecerem, você saberá que é hora para uma limpeza! Mas se, ao contrário, seus ombros se sentem pesados por ter de enfrentar mais um desafio, é melhor esperar. Preste atenção em coisas mais importantes. Convide o seu corpo a lhe comunicar quando chegar a hora de se tornar um pouco mais leve por dentro. E prometa que você irá escutá-lo. Cooperar com o seu senso interior de "tempo" faz com que fique muito mais fácil começar e seguir um programa de limpeza com disciplina e clareza.

2) Comece com Simplicidade

Por 2 ou 3 dias, coma alimentos leves, com temperos suaves, baixos teores de gordura, açúcar, sal, temperos e proteínas. Pense em sabores de limpeza. Mastigue muito bem. E mantenha o cardápio simples:

Sopa
Cereais integrais cozidos (sem pão ou granola)
Vegetais cozidos no vapor, fervidos ou crus
Água de fonte ou mineral e chás suaves

Entre as refeições, se precisar de algo para mastigar, coma vegetais cozidos no vapor, frutas locais ou sucos frescos ocasionalmente (maçã, vegetais, menta, agrião).

Dê uma caminhada antes e/ou depois das refeições para estimular a circulação e encorajar a liberação de toxinas.

Também, antes e depois das refeições, tire um tempo para relaxar. Escute música. Fique em silêncio na Natureza. Passe um tempo com um amigo que o faz se sentir bem. Alongue-se. Dance. Ajude o seu corpo a liberar o que não é necessário.

Limpando com as Estações

Órgãos	Boa estação para limpar	Alimentos que sobrecarregam	Alimentos que beneficiam*
Baço-Pâncreas/ Estômago	FINAL DO VERÃO (e em cada mudança de estação)	açúcar e mel alimentos gordurosos frutas tropicais, sucos glutamato monossódico, aditivos químicos	painço e vegetais doces vegetais compactos e redondos – cebola, nabo redondo, repolho, abóbora, etc. algas, kombu, arame, sopa de missô frutas locais (ocasionalmente)
Pulmões/ Intestino grosso	OUTONO	farinha branca, pães com fermento alimentos gordurosos, açúcar e mel antibióticos corantes e aditivos químicos	arroz integral e verduras escuras, raízes, abóboras de inverno, cebola, alho poró, gengibre, alho, alga hijiki, wakame, sopa de missô maçãs e peras (ocasionalmente)
Rins/ Bexiga	INVERNO	alimentos e bebidas geladas leite e laticínios alimentos crus em excesso açúcar e mel sal em excesso	arroz integral, trigo sarraceno, feijão azuki verduras substanciosas, raízes, abóboras de inverno algas kombu, hijiki e arame, sopa de missô, extrato de melancia (para rins contraídos) ou frutas da estação (ocasionalmente)
Fígado/ Vesícula Biliar	PRIMAVERA	excesso de comida, especialmente ovos carne, queijo e sorvete, álcool e drogas, produtos químicos café e chocolate, açúcar e mel	cevadinha, trigo, centeio nabo e verduras de primavera, brócolis, repolho, couve-flor, salsinha, alga wakame umeboshe, limão, conserva (ocasionalmente)
Coração/ Intestino Delgado	VERÃO	todos acima	milho, arroz integral de caçarola verduras amargas e vegetais de verão, alga nori mamão, melancia e outras frutas locais (ocasionalmente)

* Você pode comer esses alimentos fora da estação, se o seu corpo necessitar deles. Enfatize, mas não se limite a esses alimentos de limpeza. Confie na sua intuição para guiá-lo.

3) Cuide do seu Corpo

De manhã, para ajudar a circulação e expelir toxinas, esfregue o corpo inteiro com uma bucha vegetal seca.

À noite, esfregue o corpo debaixo do chuveiro com um pano molhado em água bem quente até a pele ficar vermelha (especialmente as pernas e os pés). Seque bem, esfregando uma toalha seca no corpo.

Esfregue as costas e as pernas de um amigo e se deixe ser esfregado por ele.

4) Depois de Três Dias

Se está com fissura de comer doce, ou precisando de energia, adicione proteína à sua alimentação, com sementes tostadas, feijão azuki, lentilhas, tofu, etc.

Se está com fissura de comida oleosa/salgada, coma gersal ou alga nori tostada em cima do seu prato. Ou, ainda, experimente um pouco de vegetais refogados em algumas gotas de óleo de gergelim e shoyu.

Fique em silêncio com o seu corpo todos os dias. Escute as mudanças. Se está se sentindo maravilhoso, continue! Confiena sua intuição para lhe dizer quando diminuir o ritmo e voltar a se alimentar mais socialmente.

5) Seja Carinhoso com Você

Não tenha expectativa de fazer tudo perfeito. Planeje algumas guloseimas e permita-se um prazer mesmo no meio do processo de limpeza. Celebre sua natureza humana.

6) Limpe-se com as Estações

Da mesma forma que o seu carro precisa de troca de óleo com regularidade, seu corpo precisa de limpeza para funcionar com maciez.

A medicina oriental sabe que em cada estação dois órgãos inter-relacionados são estimulados a se limparem e se reconstituírem. Suas escolhas de alimentos podem tanto bloquear esse ciclo natural de limpeza como ajudar o seu curso. Veja a tabela anterior (baseada na Teoria dos 5 Elementos da Medicina Tradicional Chinesa) para sintonizar sua dieta com órgãos específicos em cada estação.

BOLSAS DEBAIXO DOS OLHOS? Sentindo-se oprimido e frio com facilidade (especialmente no inverno)? São sinais de rins sobrecarregados. Coma mais feijão azuki, raízes e verduras. Diminua ao máximo alimentos crus e bebidas geladas.

Para compreender mais sobre dicas de corpo/humor como essas, veja *The Book of Oriental Diagnoses: How to See Your Health,* de autoria de Michio Kushi.

LIMPEZA INTESTINAL

Algumas semanas de uma boa dieta de limpeza, daquelas que renovam o cólon, seria de muita utilidade para quase todos nós. Aqui está o motivo.

A maioria de nós que vivemos nessa sociedade moderna crescemos comendo muito laticínio, carne e outros alimentos ricos em gordura, açúcar e químicas. Muitos de nós tomaram freqüentes doses de antibióticos ou pílulas anticoncepcionais.

Esses alimentos e drogas, quando consumidos freqüentemente, podem destruir nossa flora intestinal, a qual nos ajuda a digerir os alimentos que comemos.

Um intestino saudável tem milhões dessas bactérias amigas. Elas florescem com cereais e vegetais e produzem vitaminas B, que nos ajudam a lutar contra o estresse. Mas se comemos muito açúcar, carne, etc., essas bactérias morrem. Então, bactérias indesejadas tomam o seu lugar, atrapalhando a digestão dos alimentos.

O resultado? Os alimentos começam a ficar estagnados e apodrecem dentro de nós, especialmente se não existe fibra para fazer o bolo alimentar se locomover. Bolsas de fezes duras colam nas paredes dos intestinos. Os músculos abdominais se tornam tensos ou flácidos (de qualquer forma eles perdem a capacidade de empurrar o bolo alimentar). Constipação, diarréia, gases desconfortáveis e cheiros tornam-se comuns.

Uma dieta de limpeza ajuda a reestabelecer bactérias benéficas destruídas por:

- açúcar
- carne
- laticínios
- pílulas anti-concepcionais
- antibióticos

Recentemente, com o aumento do uso de antibióticos, muitas pesquisas médicas mostram que a bactéria *cândida*, a qual originalmente cresce nos intestinos, aparentemente pode se espalhar por todo o corpo, causando uma grande variedade de sintomas como: dores de cabeça, confusão, inchaço, alergias a alimentos, gases e mais (veja William Crook, *The Yest Connection*).

Uma dieta de limpeza pode ajudar a reverter esses sintomas, reestabelecer a flora intestinal benéfica e encorajar o fortalecimento dos músculos do cólon. Veja a próxima página para o guia de limpeza do cólon.

Guia para uma Gentil Limpeza do Cólon

COMECE DEVAGAR	Por 3-7 dias pare de comer proteínas, gorduras e doces. Coma sopas, cereais e vegetais da estação.
SOPAS	Sopas quentes relaxam os intestinos. Tome um pouco todos os dias e inclua algas marinhas.
CEREAIS E VEGETAIS	Dê ênfase a cereais integrais cozidos (arroz integral, painço, etc.) e vegetais cultivados organicamente... especialmente verduras cozidas rapidamente e dissolvedores de gorduras, como mostarda, acelga, nabo, cebolinha. (Escolha proporções de vegetais e cereais de acordo com o seu estado de espírito – veja Para um Corpo em Forma, p. 192-193.)
COMA GENTILMENTE	Mastigue tudo muito bem. Diminua o estresse do cólon evitando a maioria dos produtos com farinhas e alimentos secos ou duros (pipoca, crackers). Para uma variedade de alimentos de fácil digestão, coma papa de arroz, creme de arroz, macarrão ou uma fatia de pão sem fermento.
PROTEINA	Depois dos 3-7 dias inclua, na medida do necessário para aquecer e dar força, feijão azuki, lentilhas, grão-de-bico, sementes tostadas.
SIMPLICIDADE	Faça duas refeições por dia, a menos que você tenha fome para três. Reduza sal e temperos. Evite alimentos que formam muco: nozes, óleo, tofu e laticínios. Tempere com um pouco de gengibre, alho, umeboshe, erva doce, hortelã, salsinha.
CHÁS SUCOS E FRUTAS	Beba água de fonte ou mineral, chás suaves (banchá, cevadinha tostada, arroz tostado, dente-de-leão etc). Para agrados, coma frutas locais, suco de cenoura ou vegetais, ou gelatina de alga.
RENOVAÇÃO DA FLORA INTESTINAL	Para renovar a flora intestinal, coma sopas com pequenas quantidades de missô ou shoyu e um pouco de conserva de nabo depois do jantar. (Se, no entanto, isso causar o aumento de cândida, mude para iogurte sem gordura, acidophilous ou megadophilous.)
MANTENHA O MOVIMENTO	Caminhe diariamente (ou dance e alongue-se!). Movimentos gentis e rítmicos estimulam o movimento do cólon.

Para melhorar a circulação sangüínea e expelir toxinas, aplique compressa de gengibre na barriga 2-4 vezes por semana (veja p. 210).

Para uma limpeza mais completa, continue comendo com simplicidade e tome chás de ervas (veja *The Colon Health Handbook*, por Robert Gray).

Para Nutrir Crianças em Crescimento

Abençoados sejam todos vocês que estão criando seus filhos com consciência. Eu adoro encontrar crianças que se interessam pelo efeito dos alimentos no corpo, no estado de espírito e na qualidade de vida na Terra. (Crianças que sabem, por exemplo, que fazendas orgânicas ajudam a renovar o solo, limpar o ar, purificar a água e trazer de volta a vida selvagem que os produtos químicos tinham quase destruído.)

Obrigada por ter a coragem de experimentar com a alimentação da sua família. Obrigada também por estender a mão para outros pais com idéias semelhantes. Quando você toma uma aula de culinária com um amigo ou planeja um piquenique saudável no parque você está ensinando às crianças que nós podemos nos divertir, resolvendo problemas juntos.

Crianças têm necessidades especiais de nutrição. A responsabilidade de perceber essas necessidades é grande. Pesquisas recentes com pais macrobióticos, que sem saberem comiam refeições muito pobres em vitamina B_{12}, nos mostram que precisamos ser mais informados e flexíveis (veja informação sobre B_{12} na próxima página).

Use o guia a seguir para ajudar suas crianças a fazerem escolhas sábias. Pesquise e esteja aberto a informações recentes de nutrição. Converse com amigos e profissionais da saúde. Mas, o mais importante, ouça os seus instintos. Suas próprias observações podem lhe mostrar se é preciso uma ação gradual ou rápida para criar equilíbrio na saúde das suas crianças.

Nutrição das Crianças

Em comparação com adultos, a maioria das crianças de 3 a 16 anos* precisa de:

MAIS PROTEÍNA Feijões, sementes, tofu, seitan (glúten de trigo), peixe.
MENOS SAL Nenhum para bebês, aumente gradualmente com a idade.
MAIS ALIMENTOS DIVERTIDOS Veja p. 204 e encontre tempo para brincar!
ALIMENTOS LEVES Vegetais cozidos rapidamente, macarrão, saladas, gelatina de algas, etc.
VARIEDADE DE CEREAIS DELICIOSOS Menos cereais pesados (arroz cozido na pressão) e mais macarrão, cereais e pães divertidos.
VEGETAIS DOCES Milho, lentilha em fava, raízes doces e abóboras (veja p. 68).
SALADA DE FRUTAS Mais freqüente do que para adultos, dê ênfase a frutas da estação.
PODER VERDE! "Você acha que meu filho vai comer isso?" Veja p. 204 para maneiras inteligentes de disfarçar verduras e algas (ricas em cálcio e ferro).
BASTANTE VITAMINA B_{12} Veja os dados sobre vitamina B_{12} a seguir.

* Para gravidez e alimentos para bebês, veja *Macrobiotic Pregnancy* e *Macrobiotic Family Favorites*, ambos por Esko & Kushi (e lembre-se sempre das informações a seguir sobre B-12...).

INFORMAÇÕES SOBRE B_{12}

Como podemos oferecer aos nossos filhos um melhor começo de vida? Essa pergunta tem motivado pais ao redor do mundo a aprender a arte da cozinha macrobiótica.

Muitos macrobióticos em Boston e na Holanda descobriram com desânimo – através de dois estudos publicados em 1988 – que as suas crianças tinham deficiência de vitamina B_{12}.*

Ao planejar uma alimentação saudável, eles tinham se apoiado nas pesquisas que diziam que algas, missô, tempê e outros alimentos fermentados tinham uma grande quantidade de vitamina B_{12}. Mas essas pesquisas são agora consideradas errôneas (veja o quadro ao lado).

Para que as células se desenvolvam saudáveis, é preciso apenas uma pequena quantidade de vitamina B_{12} – mas essas pequenas doses são de importância fundamental para mulheres grávidas e mães no período de amamentação, assim como para os bebês. Deficiência de B_{12} enfraquece as células vermelhas do sangue. Sintomas severos em crianças podem incluir letargia, palidez, vômito, perda de apetite e crescimento retardado. Crianças, nas duas pesquisas (as quais apresentavam sintomas de fracos a sérios), melhoraram de forma surpreendente com o aumento de vitamina B_{12} em suas dietas alimentares.

FONTES DE VITAMINA B_{12}
* Peixe e frutos do mar
* Ovos e laticínios
* Possivelmente algas nori, kombu e hijiki (pesquisa não conclusiva)

Mas antes que você corra para comprar leite ou frango, considere também alguns fatos sutis. Poluição ambiental, estresse psicológico e a sua dieta no passado, tudo isso pode influenciar a assimilação de vitamina B_{12}. As bactérias que produzem a vitamina B_{12} vivem em volta de nós, na natureza (elas têm sido encontradas em produtos orgânicos e intestinos saudáveis). Produtos animais são as fontes mais ricas em vitamina B_{12} já encontradas. No entanto, peixes e suplementos alimentares talvez sejam a sua melhor escolha – para evitar o risco de laticínios, ovos e carne.

Crianças mudam de um dia para o outro. As suas têm um brilho de estrelas no olhar? Vigor nos braços e pernas? Curiosidade ao brincar? São aventureiras? Se não, elas talvez estejam precisando de mais vitamina B_{12}. Observe-as. Cozinhe com flexibilidade para nutrir sua força e natureza brincalhona. A Mãe Natureza irá agradecer.

Guia para B_{12}

* Coma uma grande variedade de produtos da Dieta de Autocura (veja p. 30). Para grande quantidade de B_{12}, adicione pequenas quantidades de peixe e frutos do mar,2-3 vezes por semana (ou outrosprodutos animais, se desejados).
* Para ajudar na absorção de B_{12}, tonifique os intestinos comendo diariamente vegetais cozidos, algas e pequenas quantidades de alimentos fermentados.
* Para vegetarianos, procure por suplementos.

Fazendo Mudanças de Forma Divertida

Comida divertida

Coloque um macarrão naquela coisa verde e enrole dê um nome divertido.

Decore
corte de forma interessante
bata para ficar macio e cremoso.

Misture metade e metade com um antigo favorito (tofu mexido com ovos mexidos...)

O mais divertido de tudo... convide um amigo para fazer isso com você!

LANCHE PARA OS PEQUENINHOS

palitos de cenoura
nori tostada
abóbora kabocha no vapor
milho cozido
bolas de arroz c/ gergelim
pão integral c/ manteiga de cenoura,
manteiga de abóbora c/ gergelim
ocasionalmente
tahine e geléia de maçã,
suco de maçã e chapati de arroz
picolé de suco de cenoura
frutas locais orgânicas
inhame cozido, pipoca
sementes e amêndoas tostadas
gelatina de alga
biscoitos de aveia c/ passas

Comece com Simplicidade

Se você está desmamando ou introduzindo alimentos integrais para as crianças maiores, comece com simplicidade, com cereais. Cozinhe até ficar bem macio para os bebês. Varie para crianças maiores... arroz integral, aveia, painço, macarrão, torradas, angu, chapate de arroz, panqueca de fubá. Eles são nutritivos, fáceis de cozinhar e a maioria das crianças adora!

Decidam juntos

Peça às crianças para ajudarem a decidir quais vegetais adicionar à salada de arroz para o jantar... que feijão colocar de molho para a sopa de amanhã. Mande os pequenos detetives ao supermercado para caçar flocos de cereias e pães sem açúcar, mel ou preservativos.

Reintroduza verduras gradualmente

Verduras de folhas escuras podem ser atrativas para as crianças quando picadas *bem* finas e misturadas em:

* Vegetais coloridos e rasgados
* Sopa de lentilha com macarrão
* Salada de macarrão (escalde a verdura primeiro)
* Panquecas (escalde as verduras primeiro)
* Sanduíches de hummus e pão sírio
* Lasanha

Para adicionar o poder do mar

1) Cozinhe arroz com kombu (então, retire a alga – os minerais penetram no arroz).
2) Cozinhe kombu com feijão – ela dissolve.
3) Cozinhe kombu no vapor com cenoura, batata baroa, nabo redondo ou comprido – isso faz com que eles fiquem macios, doces e mineralizados.
4) Adicione wakame (pequenos pedaços) no Falso Molho de Tomate (cozinhe c/ as cenouras – veja p. 178).
5) Use uma c. de chá de pó de kelp para fortificar biscoitos ou bolo de fubá.
6) Salpique nori tostada e moída no creme de gergelim (p. 84).

Projetos de Comidas para Crianças

FAÇA AMIZADE COM OS VEGETAIS

No supermercado, encontre um vegetal que você nunca experimentou antes. Leve-o para casa. Sente em silêncio e imagine onde ele cresceu. Será que insetos pousaram nele? Será que anjos o ajudaram a crescer? Desenhe o que você vê. Então, peça para a mamãe ou o papai ajudarem-no a cozinhá-lo. Aqui estão algumas idéias:

✓ Fatie-o, cozinhe no vapor e coma-o numa torrada com tahine
✓ Coloque-o numa salada, com Molho de Tofu
✓ Refogue-o com outros vegetais de cores diferentes

ALIMENTO E HUMOR

Coloque cores nessas caras.....

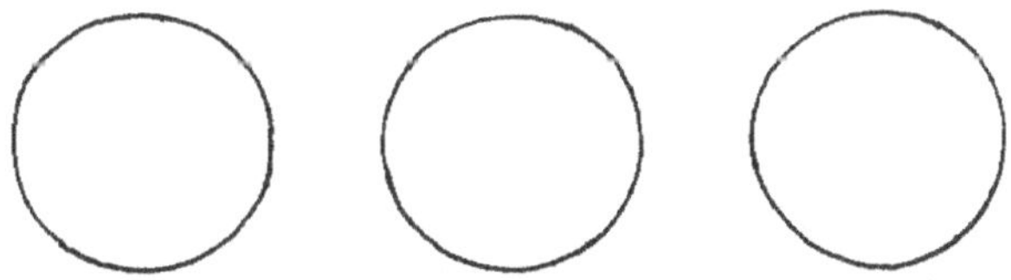

Eu me sinto muito feliz e saltitante!	Eu me sinto muito calmo e forte!	Eu me sinto mau e com raiva!
______	______	______
______	______	______
______	______	______

Perceba quando alimentos diferentes o fazem sentir como cada uma dessas caras.

Escreva o nome dos alimentos aqui.

GRAFITE DA FAMÍLIA

Todo mundo tem o direito de dizer "Eco!" para alguns alimentos e obrigações da cozinha. Aqui está uma maneira de se expressar e fazer as pessoas rirem também. Cole um grande pedaço de papel na geladeira. Peça a cada membro da família para desenhar uma caricatura do alimento que *eles* consideram o mais nojento. Faça um acordo do que cada pessoa vai desenhar neste espaço (no lugar de reclamarem um para o outro sobre a comida). É verdade, mamãe... você também. Que tal fazer uma historinha do Sr. Come-Correndo?

Biscoito de Gengibre e Cenoura para o Café-da-Manhã

Cozinhar de forma criativa é a arte de combinar ingredientes surpreendentes para conseguir sabores, texturas e formas que satisfazem suas necessidades.

Biscoitos sem açúcar para o café-da-manhã? Experimente-os!... Eles se parecem com os biscoitos recheados e bolachas, mas sem o efeito do açúcar. Agradeça ao meu amigo Johnny, de 9 anos, pela inspiração do gengibre!

- ¾ xícara de flocos de aveia
- ½ xícara de farinha de aveia
- ¼ xícara de farinha de arroz ou cevadinha
- 2 xícaras de painço, cozido
- 1½ c. sopa de óleo de milho
- 1 xícara de cenoura ralada
- 1 c. chá de baunilha
- 1 c. chá de gengibre ralado
- ¼ c. chá de sal marinho
- 1 c. sopa de semente de girassol ou papoula
- ½ xícara de água (aproximadamente)

Toste levemente a aveia e as farinhas mexendo sempre numa panela grossa em fogo médio até cheirar tostado, sem deixar ficar marrom. Misture todos os ingredientes e adicione água, apenas o bastante para atingir o ponto de enrolar. Enrole biscoitos redondos e achatados (como bolachas achatadas) e coloque numa forma untada. Leve ao forno quente por 30 minutos.

P.S.: Essa massa serve para fazer deliciosos muffins em formas de empadinhas também! Asse em forno quente por 45 minutos.

Glossário de Alimentos que Curam

Bom, amigos...
Você tem comido a carne,
o purê de batata,
os molhos e sobremesas
da autocura...

Aqui estão o sal de frutas e o alka-seltzer!

Todo mundo precisa de uma ajuda extra, de vez em quando, para se reequilibrar.

Os alimentos especias e os remédios caseiros a seguir vêm da medicina popular do Oriente. Eles talvez sejam exatamente aquilo que você estava precisando.

Dê uma olhada nessas páginas quando o seu estômago estiver incomodando ou quando sentir que vai pegar uma gripe, ou suas costas doerem, ou o seu nível de energia estiver baixo e você se sentir "down".

Agradeçamos a gerações de velhos sábios, filósofos e curandeiros por passarem à frente esses segredos de autocura.

* * * * * * * *

É claro que nem todos esses alimentos são bons para todo mundo. Consulte a sua intuição.

Mantenha os seus sentidos em alerta. Prove para entender como o universo funciona.

Afinal de contas
Isso é o que está curando.

Alimento curador	Descrição e uso	Benefícios tradicionais
BARDANA	Raiz comprida com um sabor adocicado. Fácil de cultivar. Compre fresca em mercearias japonesas (dura por várias semanas, quando bem enrolada e guardada na geladeira). Ou seca para chá em lojas de produtos naturais. *Cozinhe como cenoura:* em sopas, cozidos ou refogada (aproximadamente 10 cm por porção). *Para chá:* ferva 1 c. de chá de bardana seca em 1 xícara de água por 10 minutos.	Limpa, purifica o sangue. Tonifica e fortalece os intestinos. Alcalinizante e altamente mineralizante, excelente energizante quando se sentir cansado ou gripado. Coma com freqüência para evitar o desejo de açúcar.
EXTRATO DE CENOURA	Xarope grosso concentrado feito de cenouras orgânicas. Adicione 1/8 colher chá a ½ de banchá ou água fervendo.	Tonifica e revitaliza o baço, o pâncreas, o fígado e o sistema linfático.
NABO	É como um rabanete longo e branco. Tem sabor picante quando cru, mas é suave quando cozido até amaciar.	Dissolve excesso de gordura e muco. Ajuda na perda de peso. Reduz febre (no chá). Alivia coceira em picadas de insetos e empolação (uso externo).

Na comida diária: adicione em sopas, vegetais refogados, cozidos no vapor ou assados.

Condimento para perda de peso: Rale 1 colher sopa de nabo e salpique-o com algumas gotas de shoyu. Sirva com refeições à base de cereais, 3-5 vezes por semana... um picante dissolvedor de gordura.

Para reduzir febre: Misture ½ xícara de nabo ralado com 1-2 colher chá de shoyu e ¼ colher de chá de gengibre ralado. Derrame banchá quente em cima da mistura. Beba quente, deite e relaxe.

Para coceiras: esfregue uma fatia de nabo cru nas picadas de insetos ou empolação.

Alimento curador	Descrição e uso	Benefícios tradicionais
BANHO DE ASSENTO COM FOLHAS DE NABO 	Folhas de nabo secas (seque-as à sombra). *Banho de assento curativo para mulheres:* ferva de 5 a 10 litros de água com uma mão cheia de folhas (30 a 40). Ferva por 15 minutos – ou até a água se tornar marrom –, então, coe e prepare uma banheira ou tina com o chá e 1 xícara de sal marinho. Enrole uma toalha na parte superior do corpo e sente na banheira por 15 minutos ou até começar a suar. Depois lave a genitália com uma mistura de 1litro de banchá, meio limão espremido e uma pitada de sal marinho. Deite-se e visualize o sangue saudável circulando pela área pélvica. Repita em 10 dias se necessário.	Melhora a circulação sangüínea. Retira toxinas da vagina e do útero, ajudando a curar infecções, cistos e tumores, renovando a energia sexual.
EXTRATO DE DENTE-DE-LEÃO	Concentrado grosso de raiz de dente-de-leão, uma erva que cresce em todo lugar. Dissolva 1/8 a ¼ colher de chá em ½ xícara de água quente, banchá ou chá de cevadinha.	Fortalece coração, rins, fígado e intestinos.
GENGIBRE 	Raiz dourada, fibrosa, com um aroma pungente e sabor levemente ardido. Pode ser encontrada em quase todas as feiras. *Para uma variedade estimulante* adicione pequenas quantidades de gengibre ralado em sopas, risotos, molhos de saladas ou vegetais à chinesa. *Para menstruação atrasada:* faça chá de gengibre aquecendo 1 xícara de água e adicionando 2 cm de gengibre fatiado. Deixe em infusão por 10 minutos (não ferva). Beba ½ xícara 2 vezes ao dia por não mais de 2 dias.	Estimula intestinos preguiçosos. Melhora a circulação. Promove o fluxo de sangue em caso de menstruação atrasada (veja também Compressa de Gengibre e massagem com gengibre na próxima página).

Alimento curador	Descrição e uso	Benefícios tradicionais
COMPRESSA DE GENGIBRE	*Para dores:* Rale bastante gengibre para fazer uma bola (do tamanho de uma bola de sinuca) e enrole com gaze. Coloque-a numa panela de água bem quente, mas não fervendo. Molhe uma toalha de rosto na água (segurando as duas pontas secas) e torsa. Espere esfriar um pouco e coloque sobre a pele. Cubra com toalhas molhadas para manter o calor. Troque a cada 3-4 minutos. Repita 5-10 vezes.	Alivia dores musculares.
	Para cistos e tumores: compressa pode ajudar a diminuir estagnação, mas não aplique em tumores por mais de 5 minutos. Use sempre compressa de inhame a seguir para retirar toxinas.	Estimula o sistema linfático. Ajuda a dissolver acúmulos de toxinas (deve ser seguida de compressa de inhame nos casos de cistos e tumores).

Nota: Para alguns tipos de câncer, gengibre pode ser muito estimulante. Consulte um professor de macrobiótica e o livro *Cancer Prevention Diet,* de Michio Kushi, para mais informações, antes de usar essa compressa para casos de câncer.

Massagem na coluna com gengibre e óleo de gergelim

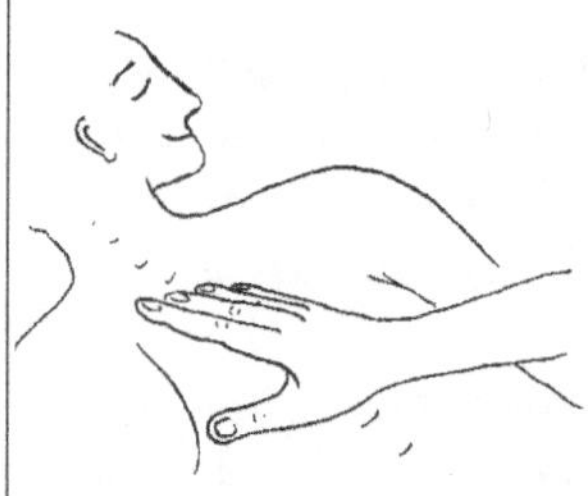

Para ajudar a curar tensão crônica nas costas, curvatura da espinha, e desordens do sistema nervoso.

Rale 2 colheres de sopa de gengibre bem fininho. Esprema-o numa xícara (uma colher chá de sumo). Misture com 1 colher de chá de óleo de gergelim. Massageie essa mistura nos músculos dos dois lados da coluna. Esfregue vigorosamente até a pele ficar quente e vermelha. Repita todos os dias.

ALIMENTO CURADOR	DESCRIÇÃO E USO	BENEFÍCIOS TRADICIONAIS
KANTEN (também chamada agar-agar)	Flocos brancos derivados de algas marinhas, usados para fazer gelatina. *Para aliviar constipação causada por dietas supercontrativas:* Dissolva 3 c. de sopa de kanten ou flocos de agar-agar em uma mistura de 1 ½ xícara de suco de maçã e ½ xícara de água. Ferva e deixe cozinhar por 5 minutos. Adicione ¼ c. de chá de sumo de gengibre ralado. Coloque numa tigela rasa para endurecer.	Ajuda a aliviar constipação causada por dietas super-contrativas. *Nota:* Esse banho não é recomendado para pessoas com pressão alta. Use com-pressa de gengibre no lugar.
BANCHÁ (também chamado de twig)  	Folhas marrons tostadas da planta de chá verde. Sabor suave, mas substancioso e satisfatório. Contém traços de cafeína (chá verde tem teores muito maiores). *Para uma bebida diária saudável:* Toste um pacote de banchá – para reavivar o sabor – numa panela grossa, mexendo sempre por alguns minutos. Guarde num jarro de tampa. Ferva água e adicione 1 c. chá por copo. Ferva por 10 minutos ou até adquirir o sabor desejado. Reutilize 2 ou 3 vezes... apenas adicione mais água e chá. *Para sintomas de resfriado:* Misture ½ c. de chá de shoyu com banchá. Beba uma ou duas vezes ao dia por até 3 dias.	Alivia fadiga. Bom antídoto para doces (uma barreira, neutraliza a condição ácida do sangue). Ajuda a combater sintomas de resfriado e gripe, alcalinizando o sangue (para mais efeito alcalino, adicione um pouco de shoyu).

ALIMENTO CURADOR	DESCRIÇÃO E USO	BENEFÍCIOS TRADICIONAIS
KUZU OU ARARUTA  *Nota*: medidas de araruta são para colheres cheias.	Amido branco (sem sabor), extraído da raíz de mais ou menos 2 metros de comprimento da planta selvagem. chamada kuzu. Dissolve em água fria, engrossa em água quente. Use na comida diária para engrossar caldos, cozidos, pudins e vegetais à chinesa. *Para chás revitalizantes:* Dissolva 1 colher chá bem cheia de kuzu em 1 xícara de água. Adicione 1 ameixa umeboshe amassada, algumas gotinhas de shoyu, uma pitada de gengibre ralado (opcional). Aqueça e mexa até engrossar. Beba uma vez por dia.	Bastante alcalinizante e reconfortante. Renova, dá força e vitalidade. Controla diarréia (chá). Alivia incômodos no estômago (chá). Benéfico contra resfriados, gripes, ou fraqueza prolongada (chá).
CHÁ DE RAIZ DE LÓTUS	Rodelinhas marrons secas da raiz da flor de lótus. Coloque 5 rodelinhas em uma xícara de água e deixe ferver por 15 minutos em fogo baixo. Para efeito mais forte, compre a raiz fresca numa mercearia japonesa. Rale e esprema ½ xícara de suco de lótus. Adicione 1 xícara de água, ferva e deixe cozinhar em fogo baixo por 15 minutos. Beba quente.	Acalma tosses. Ajuda a dissolver muco nos pulmões.
MISSÔ  	Pasta fermentada em diferentes tons de marrom, feita de soja ou outros tipos de feijão e cereais e sal marinho. Compre os não-pasteurizados (por causa das enzimas vivas que ajudam na digestão). Adicione em sopas, cozidos, cremes e molhos de saladas. *Para sopa de cura:* Use missô de dois anos, feitos de cevada ou arroz. Variedades mais suaves – envelhecidas por pouco tempo – são menos eficazes para cura (veja p. 37).	Renova a flora intestinal. Alcaliniza o sangue. Ajuda a eliminar nicotina e substâncias radioativas do corpo.

ALIMENTO CURADOR	DESCRIÇÃO E USO	BENEFÍCIOS TRADICIONAIS
CALDO DE ARROZ	Cereal calmante feito de papa de arroz integral. Lave 1 xícara de arroz integral e toste-o numa panela grossa em fogo baixo, mexendo sempre até ficar uniformimente dourado. Adicione 6 partes de água, uma pitada de sal marinho e cozinhe numa panela de pressão por 2 horas, abaixando o fogo até quase desligar (bem baixo) assim que começar a chiar. Coe o caldo e sirva com um pouco de condimento como: tekka, gersal, ameixa umeboshe ou shiso. Coma o quanto quiser.	Para doenças debilitantes quando a digestão está prejudicada.
SHOYU 	Molho de soja produzido naturalmente com soja, trigo e sal marinho. Molho de soja sem trigo era produzido escorrendo o suco da produção do missô – se você tem alergia a trigo, procure por esse tipo de shoyu. *Uso diário*: Use com moderação em sopas, refogados, caçarolas e molhos. Procure um sabor mais doce – não muito salgado. *No chá:* Para ajudar a aliviar fadiga e combater gripes (veja Banchá).	Oferece enzimas digestivas. Alcaliniza o sangue.
TEKKA	Tempero esfarelado rico, marrom-escuro e de agradável sabor. Feito de missô, bardana, cenoura, lótus, gengibre e sal. Rico em ferro. Use com moderação (½ c. de chá por dia) para enfeitar as refeições.	Alcaliniza e limpa o sangue. Renova a energia. Fortalece os intestinos.

Alimento curador	Descrição e uso	Benefícios tradicionais
EMPLASTO DE INHAME	Uma mistura gelatinosa feita de inhame (raiz marrom e cabeluda), gengibre e farinha de trigo. Usada regularmente como emplastro externo, em combinação com uma dieta de autocura, talvez ajude a reduzir o tamanho de cistos e tumores retirando toxinas através da pele (aplique compressa de gengibre primeiro). *NOTA – Para câncer de mama:* gengibre e inhame alvez sejam muito estimulantes. Consulte um orientador macrobiótico e sua própria intuição, antes de usar. *Para fazer o emplastro*: Compre pequenos inhames. Descasque e rale o bastante para fazer uma camada de 1 cm para cobrir a área. Para cada ½ xícara de inhame adicione 1 c. sopa de farinha de trigo e 2 c. chá de gengibre ralado. Espalhe numa gaze e aplique diretamente na pele (depois de aquecer a área com compressa de gengibre). Troque a cada 4 horas ou deixe da noite para o dia.	Retira toxinas através da pele. Ajuda a eliminar toxinas acumuladas e reduz cistos e tumores (para câncer, consulte um orientador macrobiótico e veja *Cancer Prevention Diet*, de Michio Kushi).
EMPLASTRO DE TOFU	Uma compressa refrescante feita de tofu fresco (queijo de soja), farinha de trigo e gengibre. Seque o tofu e amasse-o. Misture 6 partes de tofu, 3 partes de farinha de trigo, 1 parte de gengibre. Espalhe numa gaze e aplique na testa. Troque a cada 2 horas ou antes, se ficar quente.	Para reduzir febre.
BANCHÁ	(Veja Banchá, p. 211.)	

ALIMENTO CURADOR	DESCRIÇÃO E USO	BENEFÍCIOS TRADICIONAIS
AMEIXA UMEBOSHE	Ameixa rosa-avermelhada, salgada em conserva, com sabor azedo. De ação anti-bacteriana, beneficia os intestinos. O sabor estimula o apetite. Deliciosa cozida com vegetais, em molhos para saladas ou com milho cozido. No entanto, é fácil de exagerar na cozinha diária... muito gostosa, mas salgada! 1-2 ameixas por semana é o bastante. *Para dor de estômago, ressaca ou fadiga*: Adicione ½ umeboshe a uma xícara de banchá.	Bastante alcalinizante. Alivia problemas intestinais temporários. Contra-ataca acidez estomacal, ressaca e fadiga. Ajuda a desintoxicar o fígado. **Leve com você quando viajar... é bom para a diarréia.** 
EXTRATO DE UME	Um xarope grosso e concentrado feito de umeboshe – todos os benefícios alcalinizantes sem o sal. Sabor bastante azedo. *Para energizar, aliviar incômodos estomacais ou ajudar a desintoxicar o fígado:* Dissolva uma gota do tamanho de um grão de feijão em água quente ou banchá. Beba uma vez por dia se necessário.	Veja acima.

O Verde Cura

Muitos remédios orientais são salgados. Para equilibrar, é importante lembrar que eles têm o objetivo de acompanhar uma alimentação diária rica em verduras que contêm clorofila – especialmente se você vive num clima quente.

Verduras "modestas"... folhas de nabo e rabanete.
Verduras nobres ... couve, mostardas, almeirão.
Verduras refrescantes ... agrião, salsinha, acelga.

Quando pensar em cura, pense verde!

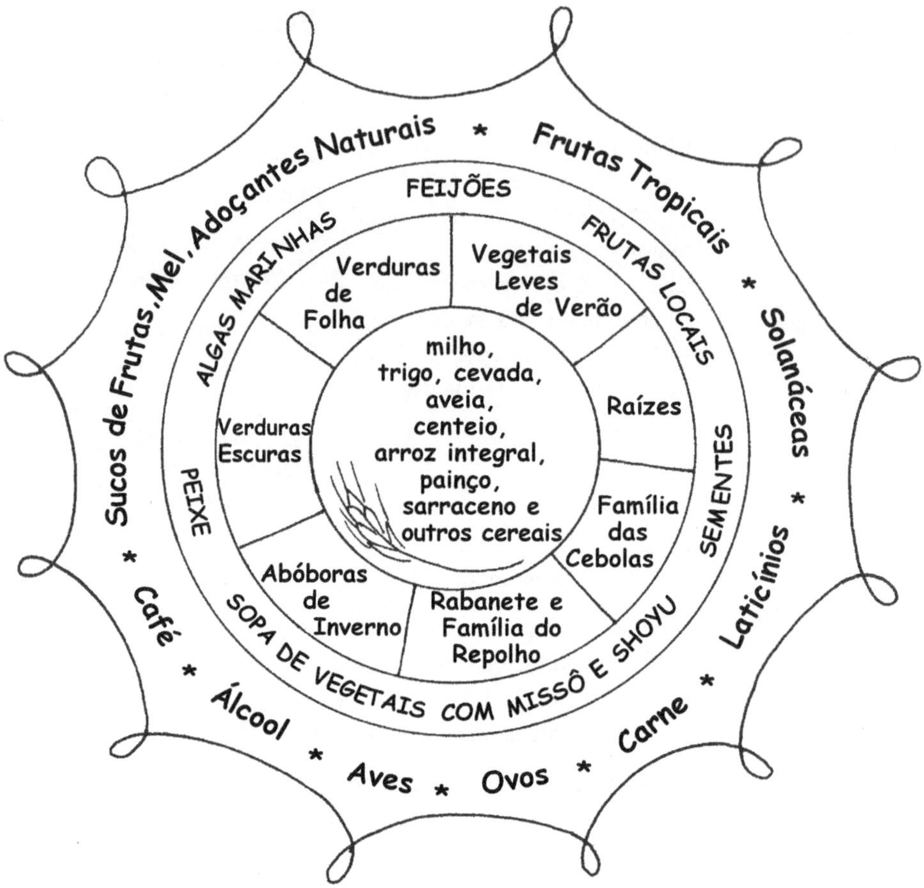

Uma dieta é constituída em volta de cereais integrais
cozidos e vegetais da estação como um alicerse diário...
Quetoso nós desfrutemos a circunferência de maneira saudável.

Fontes e Leituras Selecionadas

Livros de Receitas (sem laticínios, pobres em gordura e açúcar)

Book of Whole Meals, Annemarie Colbin
Calendar Cookbook, Cornelia Aihara
Complete Vegetarian Kitchen, Lorna Sass
Cooking for Regeneration, Cecile Tovah Levin
Feeding the Whole Family, Cynthia Lair
Fresh From a Vegetarian Kitchen, Meredith McCarty
Fruit-Sweet and Sugar-Free, Janice Feuer
Macro Mellow, Shirley Gallinger & Sherry Rodgers, M. D.
Macrobiotic Cooking for Everyone, Edward and Wendy Esko
Natural Foods Cookbook, Mary Estella

Gardening

The Findhorn Garden, Findhorn Community
How to Grow more Vegetables, John Jeavons
Permaculture II, Bill Mollison
The One Straw Revolution, Masanobu Fukuoka

Jóias de Inspiração

Serving Fire: Rhythms and Rituals of the Earth, Anne Scott

Recursos de Saúde e Autocura

Acid & Alkaline, Herman Aihara
Cancer Prevention Diet, Michio Kushi
The Cure is in the Kitchen, Sherry Rogers, M.D.
Diet for a New America, John Robbins
Diet for a Small Planet, rev. Ed. Frances Moore Lappe
Diet and Nutrition, Rudolph Ballentine, M.D.
Dr. Dean Ornish's Program for Reversing Heart Disease, Dean Ornish, M.D.
Food and Healing, Annemarie Colbin
Healing Miracles from Macrobiotics, Jean Kohler
Healing With Whole Foods, Paul Pitchford
How to See You Health: Book of Oriental Diagnostics, Michio Kushi
Love, Medicine and Miracles, Bernie Siegal, M.D.
Macrobitoic Family Health Care, Patrick McCarty & Shizuko Yamamoto

Macrobiotic Way, Michio Kushi
MacDougall's Medicine, John McDougall, M.D.
Menopausal Years the Wise Woman Way, Susun Weed
Natural Healing, Michi Kushi
Natural Medicine for Children, Julian Scott, Ph. D.
Pre-Menstrual Syndrome Self-Help Book, Susan Lark, M.D.
Pritikin Promise: 28 Days to Longer Healthier Life, Nathan Pritikin
Staying Healthy With the Seasons, Eldon Haas
Sugar Blues, William Duffy
The Way of Herbs, Michael Tierra
The Web that Has no Weaver, Ted Kaptchuk
Traditional Acupuncture: Law of the Five Elements, Dianne Connelly
Wise Woman Herbal for the Childbearing Year, Susun Weed

Endereços e Contatos

Está querendo fazer aulas de culinária integral e não sabe onde? Precisa de mais informações sobre alimentação e vida natural? Ou... está precisando comprar aquele ingrediente especial e não consegue encontrá-lo? Consulte a lista abaixo, ela pode ser de grande ajuda...

GOHAN:
Rua Salinas, 1076
Floresta
Belo Horizonte, MG
31015-190
e-mail: GOHAN@hotmail.com
Distribuidora de produtos integrais de alta qualidade na região de Belo Horizonte

ECOBRAS:
Distribuidora de Alimentos Naturais
Rio de Janeiro
e-mail: ecobras@ax.ibase.org.br

INSTITUTO PRINCÍPIO ÚNICO
Professor Tomio Kikuchi, Orientador Macrobiótico
Praça Carlos Gomes, 60
1º andar, Liberdade
São Paulo, SP, CEP 01501-040
(Nesse endereço você pode se informar sobre os restaurantes macrobióticos do Centro de Educação Vitalícia em Alagoas, Belo Horizonte, Porto Alegre, Recife e Salvador).
Normalmente os restaurantes macrobióticos têm uma boa mercearia com produtos essencias e oferecem aulas de culinária.

CORRECOTIA
Para informações sobre alimentação integral, aulas de culinária, dicas para uma vida saudável e muito mais, visite o website:
www.correcotia.com.br
Caixa Postal 41004
20232-970, RJ

Índice de Receitas

Algas Marinhas

Cereais

TOFU

VEGETAIS

Sobre a autora

KRISTINA TURNER encantou-se com a arte de cozinhar enquanto inventava refeições vegetarianas para 200 pessoas na Comunidade de Findhorn na Escócia.

Estudou Cura Natural no Centro para Artes de Cura em Los Angeles e no Centro Leste-Oeste para Macrobiótica e Shiatsu em Eureka, Califórnia.

"Mas o que realmente inspirou esse livro", diz Kristina, "foram os insights e comentários de todas as pessoas que têm vindo às minhas aulas de culinária nos últimos 10 anos, aprendendo a cozinhar com amor e atenção".

Kristina mora com seu filho Calen na Ilha de Vashon, em Washington, onde brincam, trabalham e cantam num círculo crescente de amigos comprometidos com a saúde do planeta.

* * * * *

Você tem algum comentário ou uma história de cura para compartilhar? Adoraríamos ouvir o que você tem a dizer!

EARTHTONES PRESS
P.O. Box 411-b Vashon, WA 98070
EUA // USA

O Poder do Riso

Mariana Funes

Rir protege o coração, alivia o estresse, fortalece o sistema imunológico e limpa os pulmões. Mas não é só isso. A pesquisa da autora vai de encontro à da medicina atual e traz uma nova dimensão para a cura baseada em dados científicos que comprovam a incrível eficácia do poder do riso.

O Toque da Cura

Energizando o corpo, a mente e o espírito com a arte do *Jin Shin Jyutsu*

Alice Burmeister com Tom Monte

Este guia, escrito com clareza e simplicidade, contém instruções detalhadas para a prática do *Jin Shin Jyutsu*, individualmente ou para ser aplicado a uma outra pessoa. São ensinados dezenas de exercícios para enfermidades específicas e para o bem-estar geral. Muitos exercícios são tão discretos que podem ser realizados durante uma reunião ou numa rua movimentada.